高等职业教育道路与桥梁工程技术专业系列规划教

公路工程资料编制与管理

第三版

主　编　周　静　刘占良
副主编　梁文旭　焦利敏
　　　　赵新锋　赵　裴

大连理工大学出版社

图书在版编目(CIP)数据

公路工程资料编制与管理 / 周静，刘占良主编. --
3 版. -- 大连 ：大连理工大学出版社，2024.7(2025.7 重印)
ISBN 978-7-5685-4878-6

Ⅰ.①公… Ⅱ.①周… ②刘… Ⅲ.①道路工程-技术档案-档案管理-高等职业教育-教材 Ⅳ.①G275.3

中国国家版本馆 CIP 数据核字(2024)第 010507 号

大连理工大学出版社出版
地址:大连市软件园路 80 号　邮政编码:116023
发行:0411-84708842　邮购:0411-84708943　传真:0411-84701466
E-mail:dutp@dutp.cn　URL:https://www.dutp.cn
沈阳市永鑫彩印厂印刷　大连理工大学出版社发行

幅面尺寸:185mm×260mm　印张:12.5　字数:317 千字
2011 年 8 月第 1 版　2024 年 7 月第 3 版
2025 年 7 月第 2 次印刷

责任编辑:康云霞　责任校对:吴媛媛
封面设计:张　莹

ISBN 978-7-5685-4878-6　定　价:45.00 元

本书如有印装质量问题，请与我社发行部联系更换。

前　言

近年来，随着我国公路交通建设行业的迅速发展，公路工程资料管理正以其鲜明的特点发挥着重要作用。“公路工程资料编制与管理”是高职院校道路与桥梁工程技术专业的核心课程，也是铁道工程、工程监理、道路检测等专业的一门重要课程。本书编写以工学结合为指导，以培养学生职业能力为目标，充分体现“做中教，做中学”的教学思想，目的是使读者能够系统地掌握公路工程资料编制的基本知识、公路工程资料编制组卷的方法，并初步具备分析与解决工程实际总资料编制与管理问题的能力。本教材贴近工程实际，采用现行规范和标准。本教材对各种等级公路资料的编制均有较强的实用性和可操作性，对建设单位、监理单位、施工单位的资料编制人员具有参考示范作用。

本教材与同类教材相比具有如下特点：

1.打破原有学科式内容编排方式，在以公路工程结构组成为主线的基础上结合施工流程，以公路工程施工资料编制为重点介绍了整个公路工程资料体系的组成，着重于岗位职业能力的培养。

2.体现高职教学“培养实用型人才”的原则，在介绍公路工程资料编制管理基本知识的基础上，采用资料填写范例的形式，培养学生编制与管理实际工程资料的能力。

3.以工程实际为依托，较全面地反映公路工程资料编制与管理的各个方面和环节，紧密结合实际，内容具有较强的针对性和实用性。根据高职学生的特点，对教材内容进行了调整，避免成为“本科压缩版”。

本教材共包括七章，分别为概述、公路工程综合管理文件、公路工程施工资料、公路工程评定资料、公路工程监理资料、公路工程财务资料、公路工程竣工验收资料。最后附有公路工程竣工档案目录。

本教材由太原城市职业技术学院周静、石家庄铁路职业技术学院刘占良担任主编；太原城市职业技术学院梁文旭、太原市政建设集团有限公司焦利敏、山西铭雅建筑装饰工程有限公司赵新锋、上海申铁投资有限公司赵裴担任副主编。具体编写分工如下：刘占良编写第一章；梁文旭编写第二章；周静编写第三章、第四章；焦利敏编写第五章；赵新锋编写第六章；赵裴编写第七章和附录。

在编写本教材的过程中，我们参考、引用和改编了国内外出版物中的相关资料以及网络资源，在此对这些资料的作者表示深深的谢意！请相关著作权人看到本教材后与出版社联系，出版社将按照相关法律的规定支付稿酬。

由于时间仓促，书中仍可能存在不妥或疏漏之处，诚请广大读者批评指正，以便进一步修订完善。

编　者
2024年7月

所有意见和建议请发往：dutpgz@163.com
欢迎访问职教数字化服务平台：https://www.dutp.cn/sve/
联系电话：0411-84708979　84707424

目 录

第一章 概述

本章摘要： 本章内容主要包括公路工程资料员相关知识、公路工程项目划分、公路工程资料组成三个部分。着重介绍了公路工程资料员的任职资格、岗位职责及工作内容，公路工程项目划分要求、细则及实例，公路工程资料编制常用术语、分类与管理及编号方法等内容。

学习目标： (1)正确理解公路工程资料员的工作职责。

(2)掌握公路工程中建设项目、单项工程、单位工程、分部工程、分项工程的基本概念及其划分，并能够正确地对工程实例进行划分。

(3)了解公路工程中常用的资料术语。

(4)了解公路工程中资料的分类及其资料的编号方法。

第一节 公路工程资料员

一、公路工程资料员的任职资格

公路工程资料员必须具有一定专业知识。根据公路工程实践，公路工程资料员须具备以下条件：

(1)具备公路工程相关专业中等以上文化程度，同时具备一定文字处理能力。

(2)具有工程识图及结构构造的相关知识，了解现场施工程序及各种关键数据。

(3)了解与工程施工企业相关的承包方式，合同签订，施工预算，现场经济活动分析、管理等基本知识。

(4)了解与工程项目设计、施工验收和安全生产相关的法律法规及规范。

(5)具备一定的计算机应用能力，了解国家和项目所在地的各级政府有关档案管理的规定。

二、公路工程资料员的岗位职责

(1)及时收集和分析市场信息，加强对工程现代化的管理。

(2)及时收集整理工程施工类图纸及补充资料，做好工程资料收发、运转、管理等工作，做到文件资料管理的规范和完整。

(3)掌握施工技术资料的归档要求,积极参与施工生产管理,做好资料的管理和监控。

(4)做好图纸的收发和审核,对工程资料和工程图纸等进行独立组卷和归档。

(5)处理好各项公共关系,包括业主、项目经理、技术主管、上级主管部门以及其他相关部门之间的关系,同时还要处理好档案管理部门的关系。

三、公路工程资料员的工作内容

1.收集

(1)公路工程资料员必须及时收集工程资料,保持与实际施工进度同步。

(2)工程建设资料管理必须纳入项目管理程序中,公路工程资料员应参加生产协调会、项目管理人员工作会议等,掌握施工技术信息,便于对资料进行管理和监控。

(3)公路工程资料员对收集到的资料应认真审核,不符合规定的应返回施工单位予以修改或重做。

(4)项目经理、技术主管和资料员必须对分包单位提供的技术资料进行严格把关,所提供资料不符合规定的不予结算工程款(包括对供货单位)。

(5)公路工程资料员对收集的资料应及时整理、立卷和归档。

2.分类与保管

(1)为保证工程资料管理的规范化、制度化和科学化,公路工程资料员应根据以下标准进行分类:

①按工程资料归档对象进行划分,如业主资料应当归企业档案。

②按工程资料的内容进行划分。

③按工程同类资料产生时间的先后顺序进行划分。

(2)工程资料的存放和保管方法应根据本单位的实际情况决定,且必须符合档案管理的相关规定。

(3)工程档案库应按本单位档案规定的要求设立,并报请本地档案管理机构组织档案管理验收。

(4)工程档案必须保证安全和清洁,需做到"六防",即防火、防盗、防虫、防霉、防尘和防光。

(5)工程资料应按相关规定移交归档,项目竣工并通过验收后一个月内交企业档案室,按有关规定和时限移交城建档案馆,还要按合同规定的时限提交业主。

(6)借阅工程资料时,必须履行相关手续,且不得损毁或遗失。

(7)工程资料的收回、销毁应按本单位档案馆有关规定执行。

3.登记

(1)工程资料收发登记:无论是收回文件还是发送文件,公路工程资料员应对这些文件逐件登记并备案,以便于管理。

(2)工程资料借阅登记:由于工程的需要,在工程资料整理归档完毕后,单位领导或工作人员经常需要借阅文件资料,公路工程资料员应建立资料登记制度,详细列出借阅文件的时间、借阅人、借阅目的及归还日期。

(3)工程资料传阅登记:在文件处理过程中,如文件份数少而需要多人阅读或需要知道文件精神的人数较多时,则需要传阅文件,因此要建立文件传阅登记制度。

4.复印

(1)工程资料一般不得复印,但下列文件除外:非保密级文件、投标标书、票据、凭证、少量一次性非常规表格等,以及必须复印且具有应急性、单件性或少量性的其他文件。

(2)工程资料的复印由公路工程资料员统一管理,凡是受控文件一律不得擅自复印,必须复印的需要主管领导批准。

(3)对于需要复印的文件材料,有关部门应预先考虑其使用前景,适当增加自存数,避免临时突击复印。

(4)如果单位另有复印部门,则工程资料复印前必须先填写复印申请单,由部门负责人签认,复印主管部门应同时做好登记。对于未经签认的文件,复印部门可以拒印。

(5)如需转发复印上一级单位文件,必须按规定办理相关手续,否则不得复印。密级文件复印需经本单位主管领导批准,复印的文件如无批准证明,公路工程资料员可不予复印。

5.印章管理

(1)印章管理是单位对外行使权利的凭证。使用单位印章必须严格执行上级有关规定和印章管理的规定。

(2)使用单位印章必须登记齐全、完整,必须详细登记用印时间、用印单位、用印人、批准人及用印内容等事项。

(3)印章有专人保管,使用时必须符合用印范围。除正常的业务报表外,凡需要使用党政印章者,必须经党政领导批准。未经党政领导批准的,印章管理部门有权拒绝用章。

第二节 公路工程项目划分

为了加强对基本建设工作的管理,便于编制设计文件、概预算文件和施工组织设计文件,也便于工程招、投标工作和施工管理,必须对公路工程项目进行科学地分解和合理地划分。

一、公路工程项目划分要求

根据建设任务、施工管理和质量评定需要,在施工准备阶段,施工单位应根据《公路工程质量检验评定标准 第一册 土建工程》(JTG F80/1—2017)的规定,结合工程特点,对建设项目按单位工程、分部工程和分项工程逐级进行划分,直至详细列出所有分项工程的编号、名称、桩号或部位。整个工程项目中工程实体与划分的项目必须一一对应,单位、分部、分项的数量和位置需一目了然。

施工单位、工程监理单位和建设单位均应按相同的工程项目划分,进行工程质量监控和管理。

二、公路工程项目划分细则

1.建设项目

建设项目也称为基本建设项目,是指经批准在一个设计任务书范围内按同一总体设计进行建设的全部工程。建设项目由一个或几个单项工程组成,经济上实行统一核算,行政上实行统一管理,一般以一个企业(或联合企业)、事业单位或独立工程作为一个建设项目。公路工程基本建设以单独设计的公路路线、独立桥梁作为一个建设项目。

2.单项工程

单项工程也称为工程项目，是指建设项目中具有单独的设计文件，建成后可独立发挥生产能力或使用效益的工程。公路工程中独立合同段的路线、大桥、隧道等均属于单项工程。

3.单位工程

单位工程是单项工程的组成部分，是指在单项工程中具有单独设计文件和独立施工条件，而又作为施工对象的工程。

4.分部工程

分部工程是按工程结构、材料或施工方法不同所做的分类，是单位工程的组成部分。公路工程应按结构部位、路段长度和施工特点或施工任务等将单位工程划分为若干分部工程。

5.分项工程

在分部工程中，应按不同的施工方法、材料、工序及路段长度等划分为若干分项工程。

公路工程一般建设项目通常划分为 9 个单位工程，见表 1-1。

表 1-1　　一般建设项目单位工程划分

序号	单位工程名称	备注
1	路基工程	每 10 km 或每标段
2	路面工程	每 10 km 或每标段
3	桥梁工程	特大桥，大、中桥
4	互通立交工程	—
5	隧道工程	—
6	环保工程	—
7	交通安全设施	每 20 km 或每标段
8	机电工程	—
9	房屋建筑工程	—

以特大斜拉桥和悬索桥为主体建设项目的工程通常划分为 8 个单位工程，见表 1-2。

表 1-2　　特大斜拉桥和悬索桥为主体建设项目单位工程划分

序号	单位工程名称	备注
1	塔及辅助、过渡墩	每座
2	锚碇	—
3	上部构造制作与防护	钢结构
4	上部构造浇筑与安装	—
5	引桥	同桥梁工程
6	引道	见路基、路面工程
7	互通立交工程	同一般建设项目中的互通立交工程
8	交通安全设施	同一般建设项目中的交通安全设施

三、公路工程项目划分实例

实践中如何进行工程项目的划分，举例说明如下：

××高速公路 A2 合同段(图 1-1)，全长 6.0 km。该合同段路基土石方为××万立方米，左、右线隧道各一座，大、中、小桥及涵洞各一座，A2 合同段设计情况见表 1-3。

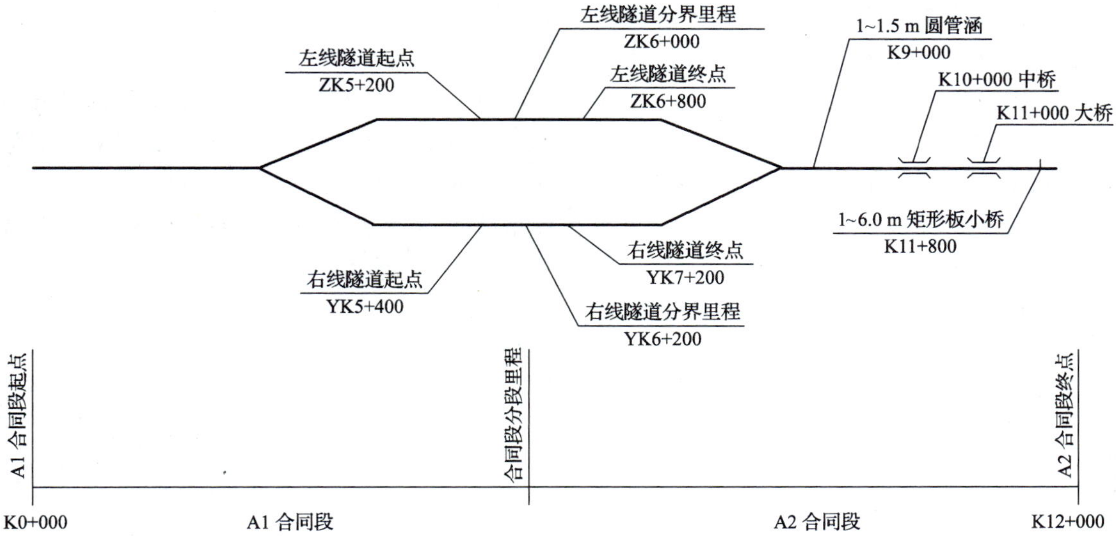

图 1-1 ××高速公路 A2 合同段平面示意图

表 1-3　　A2 合同段设计情况表

序号	工程名称	设计参数	备注
1	线路起讫里程	ZK6＋000～ZK9＋000	分离式(左线)
		YK6＋200～YK9＋600	分离式(右线)
		K9＋000～K12＋000	整体式
2	隧道起讫里程	ZK5＋200～ZK6＋800	左线隧道
		YK5＋400～YK7＋200	右线隧道
3	隧道分界点里程（A2 合同段起点里程）	ZK6＋000	左线隧道
		YK6＋200	右线隧道
4	K10＋000 中桥	2～20 m	矩形预应力空心板梁
5	K11＋000 大桥	8～40 m	后张法预应力 T 形梁
6	涵洞工程	K9＋000，1～1.5 m 圆管涵	—
7	K11＋800 小桥	1～1.6 m 矩形板小桥	—

1.路基工程分部分项划分

(1)为了满足分项工程评定需要，便于竣工文件的组卷与归档，不但要求路基工程中的土石方工程、排水工程、防护工程等分部工程的分项工程之间的划分里程桩号统一，而且还应与路面工程的分项工程划分里程桩号一致。

(2)原则上应按照整公里桩号进行分项工程划分，以 1 km 为单位进行组卷。如果起止桩号不是整公里桩号，则应将整公里以外的路段长度以 500 m 为界限进行调整；小于 500 m 时，直接将其加在临近的 1 km 路段上，把整个路段分成一个分项工程；大于 500 m 时，则单独作为一个分项工程进行组卷。

(3)构造物位于整公里路附近时，应以构造物为界进行划分。

(4)由于山区排水，防护工程是依据实际地形设计的，有的段落桩号要跨越两个已划分的分项工程，并且其中一个分项工程中的工程量很小。在这种情况下，可以合并在一个分项工程中统一进行报验。报验时，各检查记录表按实际桩号进行填写，但在填写分项工程质量检验评定表时，工程部位仍然填写原分项工程里程桩号。

本例中分项工程桩号为 K9＋000～K10＋000、K10＋000～K11＋000，排水工程的桩号为 K9＋600～K10＋020，应按照 K9＋000～K10＋000 分项工程进行报验。各检验记录表按实际桩号填写，只是在分项工程评定时，工程部位仍然按照 K9＋000～K10＋000 填写。

(5)若一个工序跨两个分项工程，在进行工序检验时，应从两个分项工程的分界线分开，按照两个工序进行内业资料整理。

(6)路基工程分部分项划分见表 1-4。

表 1-4　　路基工程分部分项划分表

序号	子单位工程	分部工程	子分部工程	分项工程
1	ZK6＋800～ZK8＋000 路基工程	防护工程		挡土墙、墙背填土
		排水工程		管节预制、管道基础及管节安装
2	ZK8＋000～ZK9＋000 路基工程	防护工程		抗滑桩
		排水工程		检查(雨水)井砌筑
3	YK7＋000～YK8＋000 路基工程	防护工程		抗滑桩
		排水工程		浆砌排水沟
4	YK8＋000～YK9＋000 路基工程	防护工程		锚喷支护
		排水工程		盲沟
5	K9＋000～K10＋000 路基工程	防护工程		锥、护坡
		排水工程		急流槽
		涵洞	K9＋000，1～1.5 m 圆管涵	基础及下部构造，主要构件预制、安装或浇筑、填土等
6	K10＋000～K11＋000 路基工程	防护工程		锥、护坡
		排水工程		跌水，浆砌排水沟
7	K11＋000～K12＋000 路基工程	防护工程		锥、护坡
		防水工程		跌水，浆砌排水沟
		小桥	基础及下部构造，上部构造预制与安装，总体、桥面和附属工程	基坑、钢筋、模板、混凝土、扩大浅基础

2.路面工程分部分项划分

路面工程分部分项划分表见表 1-5。

表 1-5　　路面工程分部分项划分表

序号	分部工程	分项工程
1	ZK6＋800～ZK8＋000 路基工程	底基层，基层，面层，垫层，联结石，路缘石，人行道，路肩，路面边缘排水系统等
2	ZK8＋000～ZK9＋000 路基工程	
3	YK7＋000～YK8＋000 路基工程	
4	YK8＋000～YK9＋000 路基工程	
5	K9＋000～K10＋000 路基工程	
6	K10＋000～K11＋000 路基工程	
7	K11＋000～K12＋000 路基工程	

3.桥梁工程分部分项划分

桥梁工程分部分项划分表见表 1-6。

表 1-6 **桥梁工程分部分项划分表**

序号	子单位工程	分部工程	子分部工程	分项工程
1	K10＋000 中桥	基础及下部构造	0 号台	钻孔灌注桩，承台，钢筋加工及安装，墩台身、墩台帽混凝土浇筑，锥坡，台背填土，挡土块，支座垫石
			1 号墩	
			2 号台	
		上部构造预制与安装	1 号孔	空心板预制、钢筋加工及安装、预应力筋的加工和张拉、梁板安装
			2 号孔	
		总体、桥面系和附属工程		桥梁总体、桥面铺装、钢筋加工及安装、支座安装、伸缩缝安装、防撞护栏、桥头搭板
2	K11＋000 大桥	基础及下部构造	0 号台	钻孔灌注桩，承台，钢筋加工及安装，墩台身、墩台帽混凝土浇筑，锥坡，台背填土，挡土块，支座垫石
			1 号墩	
			2 号墩	
			…	
			8 号台	
		上部构造预制与安装	1 号孔	T 形梁预制、钢筋加工及安装、预应力筋的加工和张拉、梁板安装
			2 号孔	
			…	
			8 号孔	
		总体、桥面系和附属工程		桥梁总体、桥面安装，钢筋加工及安装，支座安装，伸缩缝安装，防撞护栏，桥头搭板

4.隧道工程分部分项划分

隧道工程分部分项划分表见表 1-7。

表 1-7 **隧道工程分部分项划分表**

序号	子单位工程	分部工程	分项工程
1	左线隧道	总体	隧道总体等
		明洞	明洞浇筑、明洞防水层、明洞回填等
		洞口工程	洞口开挖、洞口边仰坡防护、洞门的翼墙浇筑、截水沟、洞口排水沟等
		洞身开挖	洞身分段开挖等
		洞身衬砌	喷射混凝土支护、锚杆支护、钢筋网支护、仰拱、混凝土衬砌、钢支撑、衬砌钢筋
		防排水	防水层、止水带、排水沟等
		隧道路面	基层、面层等
		装饰	装饰工程
		辅助施工措施	超前锚杆、超前钢管等

（续表）

序号	子单位工程	分部工程	分项工程
2	右线隧道	总体	隧道总体等
		明洞	明洞浇筑、明洞防水层、明洞回填等
		洞口工程	洞口开挖、洞口边仰坡防护、洞门的翼墙浇筑、截水沟、洞口排水沟等
		洞身开挖	洞身分段开挖等
		洞身衬砌	喷射混凝土支护、锚杆支护、钢筋网支护、仰拱、混凝土衬砌、钢支撑、衬砌钢筋
		防排水	防水层、止水带、排水沟
		隧道路面	基层、面层等
		装饰	装饰工程
		辅助施工措施	超前锚杆、超前钢管等

第三节　公路工程资料组成

一、公路工程资料编制常用术语

(1)工程资料:在工程建设过程中形成的各种形式的信息记录,包括基建文件、监理资料、施工资料、竣工图及竣工资料、工程资料等。

(2)基建文件:建设单位在工程建设过程中形成的文件,分为工程准备文件和竣工验收文件。

(3)工程准备文件:工程开工以前,在立项、审批、征地、勘察、设计、招投标等工程准备阶段形成的文件。

(4)竣工验收文件:建设工程项目竣工验收活动中形成的文件。

(5)监理资料:监理单位在工程设计、施工等监理过程中形成的资料。

(6)施工资料:施工单位在工程施工过程中形成的资料。

(7)竣工图:工程竣工验收后,真实反映建设工程项目施工结果的图样。

(8)工程档案:在工程建设活动中直接形成的具有归档保存价值的文字、图表、声像等各种形式的历史记录。

(9)立卷:按照一定的原则和方法,将有保存价值的文件分类整理成案卷的过程,也称为组卷。

(10)归档:文件的形成单位完成其工作任务后,将形成的文件整理立卷后,按规定移交档案管理机构。

二、公路工程资料分类与管理

1.工程资料分类

在公路工程建设施工过程中,其产生的资料大致可分为基建文件、监理资料和施工资料三大类,其划分原则如下:

(1)工程资料应按照收集、整理单位和资料类别的不同进行分类。

(2)工程资料分类应根据工程类别和专业系统进行划分。

(3)施工过程中工程资料的分类、整理和保存应执行国家及行业现行法律、法规、规范、标准及地方有关规定。

2.基建文件管理

公路工程建设过程中基建文件的管理应符合以下规定:

(1)基建文件必须按有关行政主管部门的规定和要求进行申报、审批,并保证开、竣工手续和文件完整、齐全。

(2)工程竣工验收应由建设单位组织勘察、设计、监理、施工等有关单位进行,并形成竣工验收文件。

(3)工程竣工后,建设单位应负责工程竣工备案工作,按照关于竣工备案的有关规定,提交完整的竣工备案文件,报竣工备案管理部门备案。

3.监理资料管理

公路工程建设过程中监理文件的管理应符合以下规定:

(1)监理工程师应按照监理合同约定审核勘察、设计文件。

(2)监理工程师应对施工单位报送的施工资料进行审查,施工资料完整、准确、合格后予以签认。

4.施工资料管理

公路工程建设过程中施工文件的管理应符合以下规定:

(1)施工资料应实行报验、报审管理。施工过程中形成的资料应按报验、报审程序,通过相关施工单位审核后,方可报建设(监理)单位。

(2)施工资料的报验、报审应有时限性要求。工程各相关单位应在合同中约定报验、报审资料的申报时间及审批时间,并约定应承担的责任。当无约定时,施工资料的申报、审批不得影响正常施工。

(3)工程实行总承包的,应在与分包单位签订施工合同中明确施工资料的移交套数、移交时间、质量要求及验收标准等。分包工程完工后,应将有关施工资料按约定移交。

三、公路工程资料编号方法

公路工程资料编号应符合以下规定:

(1)公路工程分类号编制方法是以单项工程为单位,按照《交通部科学技术档案分类编号办法》中所规定的公路工程类目进行分类。

(2)档号:由档案分类号和案卷顺序号组成。

(3)档案分类号:公路工程竣工文件材料分为五级类目。第一至第三级类目固定不变;第四级类目为单项工程项目代号,可用阿拉伯数字表示(如国道209,项目代号为“209”),也可用建设项目起止点汉语拼音第一个字母和某段起止点的汉语拼音第一个字母组成,中间加“.”符号(如京沪高速公路济南至泰安段则表示为JH.JT);第五级类目按单项工程竣工文件材料形成的先后顺序进行立卷。

第二章 公路工程综合管理文件

本章摘要：本章内容主要包括公路工程基建文件，公路工程招、投标文件及公路工程建设管理文件等三方面的知识，着重介绍公路工程项目建议书、工程可行性研究、招标文件、投标文件、建设管理文件等内容。

学习目标：(1)了解公路工程基建文件。

(2)熟悉公路工程招、标投标文件。

(3)熟悉公路工程建设管理文件。

第一节 公路工程基建文件

一条公路特别是高等级公路，从计划建设到竣工交付使用，要经过许多阶段和环节。一般要经过调查、勘测、设计、编制概算、施工、竣工验收等程序。这些程序的主要内容包括：提出项目建议书、进行可行性研究、编制设计任务书、设计和编制概算、列入年度基本建设计划、施工建设、竣工验收、交付使用。

一、项目建议书

国民经济的长远发展规划和公路网建设规划是项目建议书编制的依据。它是由主管部门按经济发展对公路交通的要求，并在广泛收集和综合各方面意见的基础上提出的。

项目建议书是建设某一项目的建设性文件，是对拟建设项目轮廓的设想。项目建议书的主要作用是为推荐拟建设项目提出说明，论述建设的必要性，以便供有关部门选择，并确定是否有必要进行可行性研究工作。项目建议书是进行各项前期准备工作和进行可行性研究的依据。

项目建议书的主要内容包括：

(1)建设项目提出的必要性和依据。

(2)拟建规模、技术标准、建设地点的初步设想。

(3)建设内容、主要工程量。

(4)资源情况、建设条件及建设方案。

(5)建设投资估算及资金筹措设想。

(6)建设安排及实施方案。

(7)经济评价指标。

对于利用外资的建设项目，要说明利用外资的可能性以及偿还贷款能力的大体测算。

二、工程可行性研究

1.可行性研究的概念

可行性研究是在建设前期对工程项目按规定要求和内容进行的一种考虑和鉴定，即对项目建议书中拟建设的公路项目进行全面综合的技术经济调查和系统的分析论证，从而做出要建设还是放弃这个项目的判断。因此，可行性研究是前期工作的重要组成部分，是建设项目立项、决策的主要依据。大、中型工程，高等级公路及重点工程建设项目均应进行可行性研究。

2.可行性研究的任务

在对拟建设工程地区的社会经济发展和公路网状况进行充分调查研究、评价、预测和勘察的基础上，对项目建设的必要性、经济合理性、技术可行性、实施可能性等提出综合性论证报告。

3.可行性研究报告的内容

可行性研究报告是确定建设项目、编制设计文件的基本依据。编制可行性研究报告应严格执行国家的各项政策、规定和交通部颁布的技术、标准、规范等。可行性研究报告的文件应符合《公路建设项目可行性研究报告编制方法》的规定。

公路建设项目可行性研究报告的主要内容包括：

①建设项目依据、历史背景。

②建设地区综合运输网的交通现状和建设项目在交通运输网中的地位及作用。

③原有公路的技术状况及适应程度。

④建设项目所在地区的经济特征，研究建设项目与经济发展的内在联系，预测交通量、运输量的发展水平。

⑤建设项目的地理位置、地形、地质、地震、气候、水文等自然特征。

⑥筑路材料来源及运输条件。

⑦对不同建设方案的路线起讫点和主要控制点，以及建设规模、标准提出推荐意见。

⑧建设项目对环境影响的预测。

⑨测算主要工程数量、征地拆迁数量、估算投资，提出资金筹措方式。

⑩提出勘测、设计、施工计划安排。

⑪确定运输成本及有关经济参数，进行经济评价、敏感性分析。

⑫收费公路、桥梁、隧道需做财务分析，评价推荐方案，提出存在问题和有关建议。

三、公路工程设计文件

1.工程地质勘察报告

工程地质勘察报告主要包括：

(1)工程概况。

(2)勘察依据。

(3)区域自然气候、地形、地貌及水文条件。

(4)地质概况。

(5)工程沿线地质条件和地质综合评价。

(6)各结构物工程地质勘察资料。

2.初步设计文件

初步设计文件是根据已批准的可行性研究报告和初测资料编制的,主要内容包括拟定修建原则、选定设计方案、计算主要工程数量、提出施工方案的意见、编制设计概算、提供文字说明及图表资料。

当选择设计方案时,应对路线的走向、控制点和方案进行现场核查,并征求地方政府和建设单位的意见,基本落实路线布置方案。一般应进行纸上定线,赴实地核对,落实并放出必要的控制线位桩。对于难以取舍、投资影响较大或地形特殊的复杂困难地段的路线、特大桥、长大隧道、立体交叉枢纽等位置,一般应选择两个以上的方案进行同深度、同精度的测设工作和方案比选,且首选推荐方案。

审查批准后的初步设计文件是安排重大科研试验项目、联系征用土地、编制施工图及控制建设项目投资的依据。

3.技术设计文件

公路工程基本建设项目一般采用两阶段设计,即初步设计和施工图设计。对于技术复杂而又缺乏经验的建设项目,或建设项目的特大桥、互通立体交叉、隧道、高速公路和一级公路的交通工程及沿线设施中的机电设备工程等,必要时可采用三阶段设计,即初步设计、技术设计和施工图设计。

技术设计应根据批准的初步设计及审批意见、勘测设计合同的要求,对重大、复杂的技术问题通过科学实验进行进一步勘测调查和专题研究,从而解决初步设计中未解决的问题,落实技术方案,计算工程数量,再提出修正的施工方案,编制修正设计概算,批准后为编制施工图设计提供依据。

4.施工图设计文件

施工图设计应根据批准的初步设计或技术设计,进一步对所审定的修建原则、设计方案、技术措施加以具体和深化。施工图设计还包括以下内容:通过现场定线勘测,确定路线及结构物的具体位置和设计尺寸,最终确定各项工程的数量;提出文字说明和适应施工需要的图表资料及施工组织计划,并编制施工图预算。

施工图设计文件一般由以下文件组成:

(1)总说明。

(2)总体设计。

(3)路线。

(4)路基、路面及排水。

(5)桥梁、涵洞。

(6)隧道。

(7)路线交叉。

(8)互通工程及沿线设施。

(9)环境保护。

(10)渡口码头及其他工程。

(11)建筑材料。

(12)施工组织计划。

(13)施工图预算。

(14)附件。

其中,总体设计只用于高速公路和一级公路,附件内容为补充地质勘探、水文地质调查及计算等基础资料。

第二节 公路工程招投标文件

一、工程招标文件

1.勘察设计招标文件

(1)投标设计邀请书。

(2)投标须知。

(3)经批准的可行性研究报告及有关文件的复印件。

(4)合同条款。

(5)勘察设计合同格式。

2.监理招标文件

(1)投标邀请书。

(2)投标须知。

(3)投标监理服务通用条件和专用条件。

(4)《公路工程施工监理规范》(JTG G10—2016)。

(5)投标书与投标担保格式。

(6)主要工程数量表。

(7)投标书附表格式。

(8)服务协议格式。

(9)履约担保格式。

3.施工招标文件

(1)投标邀请书。

(2)投标须知。

(3)合同条款(通用条款和专用条款)。

(4)技术规范。

(5)投标书与投标担保格式。

(6)工程量清单。

(7)投标书附表格式。

(8)合同格式。

(9)履约担保格式。

(10)图纸(施工招标文件整理归档时,图纸不在其内)。

二、工程投标文件

1.勘察设计投标书

目前,我国尚未规定工程勘察设计投标书的统一格式,一般由招标单位制定,作为招标文件的组成部分,由投标单位按要求编制和投送。其基本内容如下:

(1)标书正文

填写工程设计总标价、总工期、主要工程数量和设计质量标准,以及要求招标单位提供的配合条件等。

(2)附件

①投标担保书。

②报价单。

③测量、设计方法,顺序和总工期顺序安排。

④测量、设计过程中保证质量的主要措施。

⑤投标单位认为必要的其他文字说明。

2.监理投标书

监理投标书由监理大纲和费用建议书两部分组成。

(1)监理大纲。监理单位根据业主拟定的委托范围和职责,提出监理大纲(监理方案)。监理大纲的内容包括:详细说明监理单位一旦被委托要派出的监理人员的数量、资质、拟在本项目中的任职情况;为履行合同义务而采用的组织与管理模式;合同管理、工程质量、进度、费用控制的方法和措施;详细的一个或多个技术方案,详细的目标成本概算等。

(2)费用建议书。费用建议书是监理单位根据已完成的监理任务,提出的服务费用要求。监理费的构成包括监理单位在工程项目建设活动中所需的全部成本再加上利润和税金。

3.施工承包投标书

交通部在《公路工程国内招标文件范本》中对施工承包投标书的格式和内容进行了统一规定,招标单位在招标时将其作为招标文件的组成部分,投标单位只要按要求编制即可,其基本内容如下:

(1)投标书及投标书附录。

(2)投标担保(投标银行保函)。

(3)授权书。

(4)已标价的工程量清单。

(5)投标书附表。

(6)资格预审的更新资料或资格后审资料(如果进行资格后审)。

(7)选择方案及其报价。

(8)初步工程进度计划和主要分项工程施工方案(随同投标文件)。

三、工程合同及服务协议

1.勘察设计合同

建设项目勘察设计合同是指项目业主与勘察设计中标单位用来明确双方权利、义务的协议。

(1)合同的法律依据。签订勘察设计合同的法律依据是《中华人民共和国合同法》和国务院颁发的《建设工程勘察设计合同条例》。

(2)勘察设计合同的主体双方应具有法人资格,勘察设计单位应持有与工程规模相适应的勘察设计证书。签订勘察设计合同时,要有批准的可行性研究报告。

2.委托监理服务协议

签订的委托监理服务协议应符合交通部颁发的《公路工程监理方法》的规定,监理单位应持有与工程规模相适应的资质。

3.施工承包合同

施工承包合同是业主与承包单位为完成工程项目施工任务,以及明确双方权利、义务的协议。

(1)合同的法律依据。签订施工承包合同的法律依据是《中华人民共和国合同法》及国务院颁发的《建筑安装工程承包合同条例》。

(2)合同格式应依照交通部颁发的《公路工程国内招标文件范本》。

(3)签订施工承包合同时,主体双方必须有法人资格,承包单位应持有与工程规模相适应的资质,且征地、拆迁问题已经解决,资金已经落实。

第三节 公路工程建设管理文件

一、工程概况

(1)“工程概况表”(表2-1)是对工程基本情况的描述,应包括单位工程的工程内容、结构类型、主要工程量、主要施工工艺等。

(2)“工程概况表”由施工单位填写,施工单位、档案馆各保存一份。

(3)工程名称应填写全称,与建设工程规划许可证、施工许可证及施工图纸中的工程名称一致。

(4)结构类型应结合工程设计要求,做到重点突出。

二、项目大事记

1.项目大事记的内容。

①开、竣工日期。

②停、复工日期。

③中间验收及关键部位的验收日期。

④质量、安全事故。

⑤获得的荣誉。

⑥主要会议。

⑦分、承包工程招、投标,合同签署。

⑧上级及专业部门检查、指示等情况的简述。

2.“项目大事记”(表2-2)由施工单位填写,由建设单位、施工单位、档案馆保存。

表 2-1　　**工程概况表**

承包单位：××集团有限公司××公路工程 A2 标段项目经理部　　合同号：A2

监理单位：××工程咨询有限公司××公路工程 A2 标段监理部　　编号：

<table>
<tr><td colspan="2">工程名称</td><td colspan="3">××××高速公路 A2 合同段</td></tr>
<tr><td colspan="2">建设地点</td><td>××省××市××镇</td><td>工程造价</td><td>××××(万元)</td></tr>
<tr><td colspan="2">开工日期</td><td>×年×月×日</td><td>计划竣工日期</td><td>×年×月×日</td></tr>
<tr><td colspan="2">施工许可证号</td><td>××××</td><td>监管注册号</td><td>××××</td></tr>
<tr><td colspan="2">建设单位</td><td>××高速公路发展有限公司</td><td>勘察单位</td><td>××勘察设计研究院</td></tr>
<tr><td colspan="2">设计单位</td><td>××勘察设计研究院</td><td>监理单位</td><td>××工程咨询有限公司</td></tr>
<tr><td colspan="2">监督单位</td><td>××省公路质量监督站</td><td>工程分类</td><td>世行贷款项目</td></tr>
<tr><td rowspan="3">施工单位</td><td>名　称</td><td>××集团有限公司</td><td>单位负责人</td><td>×××</td></tr>
<tr><td>工程项目经理</td><td>×××</td><td>项目技术负责人</td><td>×××</td></tr>
<tr><td>现场管理负责人</td><td>×××</td><td></td><td></td></tr>
<tr><td colspan="2">工程内容</td><td colspan="3">线路起讫里程：K6＋000～K12＋000
线路全长：6 km
路基、路面、桥梁、涵洞、隧道</td></tr>
<tr><td colspan="2">结构类型</td><td colspan="3">沥青混凝土路面</td></tr>
<tr><td colspan="2">主要工程量</td><td colspan="3">路基土石方：××××万 m³
沥青混凝土路面：××××m³
大桥：1 座，8～40 m
中桥：1 座，2～20 m
隧道：左、右线各 1 座
涵洞：2 座</td></tr>
<tr><td colspan="2">主要施工工艺</td><td colspan="3">大桥：后张法预应力 T 梁
中桥：巨型预应力空心板梁
隧道：矿山法</td></tr>
<tr><td colspan="2">其他</td><td colspan="3"></td></tr>
</table>

表 2-2　　**项目大事记**

承包单位：××集团有限公司××公路工程 A2 标段项目经理部　　合同号：A2

监理单位：××工程咨询有限公司××公路工程 A2 标段监理部　　编号：

<table>
<tr><td>序 号</td><td>年</td><td>月</td><td>日</td><td colspan="2">内 容</td></tr>
<tr><td>1</td><td>×</td><td>×</td><td>×</td><td colspan="2">工程开工</td></tr>
<tr><td>2</td><td>×</td><td>×</td><td>×</td><td colspan="2">路堑开挖全部完成</td></tr>
<tr><td></td><td></td><td></td><td></td><td colspan="2"></td></tr>
<tr><td></td><td></td><td></td><td></td><td colspan="2"></td></tr>
<tr><td></td><td></td><td></td><td></td><td colspan="2"></td></tr>
<tr><td></td><td></td><td></td><td></td><td colspan="2"></td></tr>
<tr><td colspan="2">技术负责人</td><td colspan="2">×××</td><td>整理人</td><td>×××</td></tr>
</table>

第三章 公路工程施工资料

本章摘要：本章内容主要包括道路工程施工资料、桥梁工程施工资料、隧道工程施工资料、交通工程施工资料等方面的知识。

学习目标：(1)了解道路工程施工准备阶段、施工阶段的资料编制内容和表格填写。
(2)了解桥梁工程施工准备阶段、施工阶段的资料编制内容和表格填写。
(3)了解隧道工程施工准备阶段、施工阶段的资料编制内容和表格填写。
(4)了解交通工程施工准备阶段、施工阶段的资料编制内容和表格填写。

第一节　公路工程施工资料概述

一、公路工程施工资料的特点

公路工程项目多、工程量大、施工工期长，从施工准备开始至竣工验收，凡是与工程有关的活动都需要按规范、规程、标准的规定同步记录下来，形成施工资料。施工资料包含各种试验资料，有开工前的准备资料，还有路基、路面、桥梁等工程项目工序质量控制的施工资料，以及路基、路面、桥梁等工程项目交工验收的施工资料等。

1.原始性、真实性

施工资料是在施工过程中形成的，它是施工过程中的原始记录，应随工程进展同步进行整理，使施工资料的具体形成过程与外业施工过程同步进行，保证达到原始、真实、准确、有效的效果。对于一些原始资料数据，绝对不可随意对其进行剔除或更改，更不能在工程完工后再填写“回忆录”。

因此，施工资料必须与外业同步，完成的资料应符合规范、标准的规定，并在工程竣(交)工验收前将施工资料按要求立卷，装订成册。

2.技术性、专业性

规范、规程、设计文件等是施工资料编制的依据。施工资料的形成应符合国家及地方相应的法律、法规、规范、规程，同时还应符合工程合同与设计文件等的规定。

在进行施工资料编制时，每一张表、每一个数据都要按相应的规范、规程、标准的具体要求认真检查和填写，保证施工资料的编制质量。

3.完整性、时效性

从施工资料编制的重要意义可以看出，施工资料不齐全、不完整，就不能指导施工，更不能反映所完成工程的质量状况，工程也无法进行验收，所以施工资料必须齐全、完整。

形成施工资料的时限很重要，只有保证时限，才能达到时效。施工资料必须做到随工程进展同步形成。

原材料在进场过程中，必须及时进行原材料试验，及时进行试验资料的整理，以确定所进材料是否合格，避免不合格材料进场。

标准试验的时间限制更重要，如水泥混凝土的配合比设计，必须限制在混凝土浇筑 28 d 前完成，如果试验不成功，还可保证施工单位和监理工程师有时间重新进行试验，用取得的准确数据指导施工。否则，因试验未完成而无法指导施工和控制施工质量，既耽误了工期，又造成经济上的损失。

监理工程师对施工资料的审批必须在规定的最短时间内完成，如工序的检查、验收、试验，也必须及时进行签认，以免耽误下道工序的施工。

工程的竣工验收必须在施工资料的整理、汇总完成后，经过有关单位验收合格才可进行。

因此，施工资料的形成、报验、审批一定要有时限要求。

二、公路工程施工资料的报验程序

施工资料的报验程序应根据《公路工程施工监理规范》(JTG G10—2016)的要求同步进行，其报验程序如下：

(1)开工报告：各合同段在工程及相应的单位工程、分部工程或分项工程开工前，高级驻地监理工程师均应要求承包人提交工程开工报告并进行审批。工程开工报告应提出工程实施计划和施工方案；依据技术规范的要求，列明工程的质量控制指标、检验频率和方法；说明材料、设备、劳力及现场管理人员等资源的准备情况及阶段性配置计划；提供放样测量、标准试验、施工图等必要的基础资料。

(2)工序自检报告：监理工程师应要求承包人的自检人员按照专业监理工程师批准的工艺流程和提出的工序检查程序，在每道工序完工后首先进行自检，自检合格后，报请专业监理工程师进行检查认可。

(3)工序检查认可：每道工序完成后，专业监理工程师应紧接着承包人的自检或在承包人自检的同时，检查验收并签认，对不合格的工序应要求承包人进行缺陷修补或返工。若前道工序未经专业监理工程师检查认可，后道工序不得进行施工。

(4)中间交工报告：当单位工程、分部工程或分项工程完成后，承包人的自检人员应再进行一次系统的自检，汇总各道工序的检查记录以及测量和抽样试验的结果，提出交工报告。

(5)中间交工证书：专业监理工程师应按照工程量清单对已完工的单项工程进行一次系统的检查验收，必要时应进行测量或抽样试验。检查合格后，提请高级驻地监理工程师签发“中间交工证书”。对于未经中间交工检验或交工检验不合格的工程，不得进行下道工序的施工。

(6)中间计量：签发了“中间交工证书”的工程可以进行计量，由高级驻地监理工程师签发“中间计量表”。若竣工资料不全，应暂缓计量支付。

三、公路工程施工资料编制程序内容的依据

交通部颁发的交公路发〔2010〕65 号文件《公路工程竣(交)工验收办法实施细则》是确立公路工程施工资料编制程序和内容的基本依据。

第二节　道路工程施工资料

一、施工准备阶段的施工技术资料

1.施工组织设计

施工组织设计报审表见表表 3-1,施工组织设计审批表见表 3-2。

表 3-1　　施工组织设计报审表

工程名称:×××高速公路　　编号:

致:______________(监理单位) 我方已根据施工合同的有关规定,完成了××工程实施性施工组织设计方案的编制,并经我单位上级技术负责人审查批准,请予以审查。 附　实施性施工组织设计方案　1 份 承建单位(章)________ 项目经理________ 日期×年×月×日
专业监理工程师审查意见: 专业监理工程师　××× 日期　×年×月×日
总监理工程师审查意见: 项目监理机构(章)________ 总监理工程师　××× 日期　×年×月×日

表 3-2　　**施工组织设计审批表**

×年×月×日　　　　　　编号：

工程名称	×××	施工单位	×××
有关部门：			
结论：该施工组织设计技术上可行，进度目标、质量安全目标能够实现。符合有关规范、标准规定。符合合同要求。同意按此施工组织设计实施施工。			
审批单位 （盖章）		审批人	公司总工程师：××× 签名

2.施工图设计文件会审记录

施工图设计文件会审记录见表 3-3。

表 3-3 **施工图设计文件会审记录** 编号：

工程名称	×××				
图纸会审部位	××道路工程	日期	×年×月×日		
会审中发现的问题：					
处理情况：					
参加会审单位及人员					
单位名称	姓名	职务	单位名称	姓名	职务

3.施工技术交底记录

施工技术交底记录见表3-4。

表3-4 施工技术交底记录

×年×月×日 编号：

工程名称	××××	分部工程名称	××
分项工程名称	×××		
交底内容：			
交底单位	××	接收单位	××
交底人	××	接收人	××

4.开工报表(表 3-5、表 3-6)

工程开工/复工报审表见表 3-5,开工报名见表 3-6。

表 3-5 **工程开工/复工报审表**

工程名称:××× 编号:

致:×××监理有限公司(监理单位) 我方承建的×××工程,已完成了各项工作,具备了开工/复工条件,特申请施工,请核查并签发开工/复工指令。 附 开工报名 1份 承包单位(章)________ 项目经理________ 日期________
审查意见: 该工程具备开工条件,同意开工。 项目监理机构(章)________ 总监理工程师________ 日期________

表 3-6　　开工报名

施工单位：×××　　报名日期：×年×月×日

工程编号	×××	开工日期	×年×月×日
工程名称	×××	竣工日期	×年×月×日
建设单位	×××	工程造价	××万元
监理单位	×××	合同日期	××历天
工程项目负责人	×××	电话	×××
监理代表	×××	电话	×××
建设单位代表	×××	电话	×××
填表人	×××	电话	×××

建设单位签章	同意开工 项目经理：×××	监理单位签章	同意开工 项目经理：×××	施工单位签章	同意开工 项目经理：×××

5.质量保证条件自查表

施工单位质量保证条件自查表见表 3-7。

表 3-7　施工单位质量保证条件自查表

<table>
<tr><td colspan="2">工程名称</td><td colspan="2">×××</td><td>工程造价</td><td>××万元</td></tr>
<tr><td colspan="2">施工单位</td><td colspan="2">×××</td><td>资质等级</td><td>××级</td></tr>
<tr><td colspan="2">单位地址</td><td colspan="4">×××</td></tr>
<tr><td colspan="2">邮编</td><td colspan="2">×××</td><td>联系电话</td><td>×××</td></tr>
<tr><td rowspan="7">工程管理人员情况</td><td>职务</td><td>姓名</td><td>专业职称</td><td>岗位证书号</td><td>岗位责任制</td></tr>
<tr><td>项目经理</td><td>×××</td><td>工程师</td><td>×××</td><td>项目经理</td></tr>
<tr><td>技术负责</td><td>×××</td><td>高级工程师</td><td>×××</td><td>技术科</td></tr>
<tr><td>施工员</td><td>×××</td><td>助理工程师</td><td>×××</td><td>施工科</td></tr>
<tr><td>质检员</td><td>×××</td><td>技术员</td><td>×××</td><td>质检科</td></tr>
<tr><td>安全员</td><td>×××</td><td>技术员</td><td>×××</td><td>安全科</td></tr>
<tr><td>资料员</td><td>×××</td><td>技术员</td><td>×××</td><td>资料科</td></tr>
<tr><td colspan="6">工程管理组织机构情况:已组织</td></tr>
<tr><td colspan="6">工程质量责任制落实情况:已落实</td></tr>
<tr><td colspan="6">工程质量控制程序:已建立</td></tr>
<tr><td colspan="6">施工组织设计编制情况:已编制</td></tr>
<tr><td colspan="6">项目经理:×××　　×年×月×日</td></tr>
<tr><td colspan="6">施工单位法人代表:×××　　×年×月×日</td></tr>
</table>

6.水准点复测记录

水准点复测记录见表 3-8。

表 3-8 **水准点复测记录**

工程名称：×××

复测部位：道路工程

日期：×年×月×日

测点	后视 (1)	前视 (2)	高差/mm (3)		高程/m	备注
			+ (3)=(1)-(2)	- (3)=(1)-(2)		
总和						

计算：

实测闭合差 $f'=-2$ mm

容许闭合差 $f=\pm 40\sqrt{L}$

$=\pm 40\times 0.1=\pm 4$ mm

结论：$f'\leqslant f$，满足施工要求。

实测：×××　　复测：×××　　计算：×××　　施工项目技术负责人：

二、施工阶段的施工技术资料

1.中间交工证书

中间交工证书见表 3-9。

表 3-9 **中间交工证书**

承包单位：××路桥集团有限公司××高速公路 A3 标段项目经理部 合同号：A3

监理单位：××交通监理有限公司××高速公路 A3 标段监理部 编号：

<table>
<tr><td colspan="6">下列工程已完毕，申请交验，以便进行下一步路面底基层作业。

工程内容：
K3＋000～K4＋000 段 1 000 m 路基填筑施工已完毕，申请中间交工，以便进行下道工序施工。</td></tr>
<tr><td>桩号</td><td>K3＋000～K4＋000</td><td>日期</td><td>×年×月×日</td><td>承包人签字</td><td>×××</td></tr>
<tr><td colspan="6">监理工程师收件日期：×年×月×日　签字：×××</td></tr>
<tr><td colspan="6">结论：
经检查，符合设计及规范要求，同意进行下道工序施工。

监理工程师：×××　日期：×年×月×日</td></tr>
<tr><td colspan="6">承包人收件日期：×年×月×日

签字：×××</td></tr>
</table>

2.检验申请批复表

检验申请批复表见表 3-10。

表 3-10 **检验申请批复表**

承包单位：××路桥集团有限公司××高速公路 A3 标段项目经理部 合同号：A3

监理单位：××交通监理有限公司××高速公路 A3 标段监理部 编号：

<table>
<tr><td>工程项目</td><td>××公路工程 A3 标段</td></tr>
<tr><td>工程地点及桩号</td><td>K3＋000～K3＋200</td></tr>
<tr><td>具体部位</td><td>上路床顶面</td></tr>
<tr><td>检验内容</td><td>中线偏位、纵断高程、路基宽度、平整度、压实度、横坡度、回弹弯沉</td></tr>
<tr><td colspan="2">要求到现场检验时间：</td></tr>
<tr><td colspan="2">承包人递交日期、时间和签字：</td></tr>
<tr><td colspan="2">监理员收件日期、时间和签字：</td></tr>
<tr><td colspan="2">监理员结论和签字：
符合设计及规范要求。</td></tr>
<tr><td>监理工程师意见：
本项目可以继续进行。同意进行下道工序施工。</td><td>质量证明附件：
(1)施工放样报验单
(2)土方路基现场质量检验报告单
(3)中线偏位检验记录表
(4)路基逐层填筑纵断高程检验记录表
(5)路基宽度检验记录表
(6)平整度检验记录表
(7)横坡度检验记录表
(8)压实度试验记录表(灌砂法)
(9)回弹弯沉测定记录表</td></tr>
<tr><td>监理工程师签字：
日期：×年×月×日</td><td>承包人收到日期、时间和签字：
×年×月×日</td></tr>
</table>

3.施工放样报验单

施工放样报验单见表 3-11。

表 3-11 **施工放样报验单**

承包单位：××路桥集团有限公司××高速公路 A3 标段项目经理部 合同号：A3

监理单位：××交通监理有限公司××高速公路 A3 标段监理部 编号：

<table>
<tr><td colspan="4">致________（监理工程师）

根据合同要求，业已完成 K3+000～K3+200 段，上路堤第三层线路中线，施工放样工作清单如下，请给予检查。

承包人：××× 日期：×年×月×日</td></tr>
<tr><td>桩号或位置</td><td>工程或部位名称</td><td>放样内容</td><td>备注</td></tr>
<tr><td>K3+000～K3+200</td><td>上路堤第三层</td><td>线路中线</td><td>路基土石方施工</td></tr>
<tr><td></td><td></td><td></td><td></td></tr>
<tr><td></td><td></td><td></td><td></td></tr>
<tr><td></td><td></td><td></td><td></td></tr>
<tr><td colspan="4">附件：测量及放样资料

(1)放样依据

(2)放样成果</td></tr>
<tr><td colspan="4">监理员意见：
符合设计及规范要求。</td></tr>
<tr><td colspan="4">监理工程师结论：
符合设计及规范要求。

监理工程师：×××
日期：×年×月×日</td></tr>
</table>

4.工程洽商记录

工程洽商记录见表3-12。

表3-12 工程洽商记录

<table>
<tr><td>工程名称</td><td>×××</td><td colspan="2">施工单位</td><td>×××</td></tr>
<tr><td colspan="5">洽商事宜：</td></tr>
<tr><td>参加单位
及人员</td><td>建设单位
×××</td><td>设计单位
×××</td><td>监理单位
×××</td><td>施工单位
×××</td></tr>
</table>

5.质量检验报告单

土方路基、石方路基、管节预制、管道基础及管节安装、砂浆排水沟的现场质量检验报告单见表3-13～表3-17。

表3-13 **土方路基现场质量检验报告单**

承包单位:××路桥集团有限公司××高速公路A3标段项目经理部　　合同号:A3

监理单位:××交通监理有限公司××高速公路A3标段监理部　　编号:

工程名称		土方路基	施工时间	×年×月×日
桩号及部位		K2+000～K3+000 上路床顶面	检验时间	×年×月×日
项次	检测项目	规定值或允许偏差	检验结果	检验频率和方法
1△	压实度/%	≥96,极限值90		
2△	弯沉/0.01 mm	不小于设计值		
3	纵断高程/mm	+10,−15		
4	中线偏差/mm	50		
5	宽度/mm	符合设计要求		
6	平整度/mm	≤15		
7	横坡/%	±0.3		
8	边坡	符合设计要求		
自检说明: 施工员:×××　×年×月×日			监理评语: 监理员:×××　×年×月×日	

施工负责人:×××　　质量检查员:×××　　监理工程师:×××

表 3-14　　石方路基现场质量检验报告单

承包单位：××路桥集团有限公司××高速公路 A3 标段项目经理部　　合同号：A3

监理单位：××交通监理有限公司××高速公路 A3 标段监理部　　编号：

<table>
<tr><td colspan="2">工程名称</td><td colspan="2">土方路基</td><td>施工时间</td><td>×年×月×日</td></tr>
<tr><td colspan="2">桩号及部位</td><td colspan="2">K2+000～K3+000
上路堤第三层</td><td>检验时间</td><td>×年×月×日</td></tr>
<tr><td>项次</td><td colspan="2">检查项目</td><td>规定值或允许偏差</td><td>检验结果</td><td>检验频率和方法</td></tr>
<tr><td>1△</td><td colspan="2">压实度/%</td><td>孔隙率满足设计要求
沉降差≤试验路确定的沉降差</td><td></td><td></td></tr>
<tr><td>2△</td><td colspan="2">弯沉/0.01 mm</td><td>≤设计验收弯沉</td><td></td><td></td></tr>
<tr><td>3</td><td colspan="2">纵断高程/mm</td><td>+10，−15</td><td></td><td></td></tr>
<tr><td>4</td><td colspan="2">中线偏差/mm</td><td>≤50</td><td></td><td></td></tr>
<tr><td>5</td><td colspan="2">宽度/mm</td><td>满足设计要求</td><td></td><td></td></tr>
<tr><td>6</td><td colspan="2">平整度/mm</td><td>≤20</td><td></td><td></td></tr>
<tr><td>7</td><td colspan="2">横坡度/%</td><td>±0.3</td><td></td><td></td></tr>
<tr><td rowspan="2">8</td><td rowspan="2">边坡</td><td>坡度</td><td>满足设计要求</td><td></td><td></td></tr>
<tr><td>平顺度</td><td>满足设计要求</td><td></td><td></td></tr>
<tr><td colspan="4">自检说明：

施工员：×××　　×年×月×日</td><td colspan="2">监理评语：

监理员：×××　　×年×月×日</td></tr>
</table>

施工负责人：×××　　质量检查员：×××　　监理工程师：×××

表 3-15　**管节预制现场质量检验报告单**

承包单位：××路桥集团有限公司××高速公路 A3 标段项目经理部　　合同号：A3

监理单位：××交通监理有限公司××高速公路 A3 标段监理部　　编号：

工程名称	防护工程	施工时间	×年×月×日
桩号及部位	K9＋200～K9＋400 左侧排水管节预制	检验时间	×年×月×日

项次	检查项目	规定值或允许偏差	检验结果	检验频率和方法
1△	混凝土强度/MPa	在标准范围内		
2	内径/mm	≥设计值		
3	壁厚/mm	－3		
4	顺直度/mm	矢度不大于0.2% 管节长		
5	长度/mm	＋5，－0		
6				
7				
8				

自检说明：	监理评语：
施工员：×××　　×年×月×日	监理员：×××　　×年×月×日

施工负责人：×××　　质量检查员：×××　　监理工程师：×××

表 3-16 **管道基础及管节安装现场质量检验报告单**

承包单位：××路桥集团有限公司××高速公路 A3 标段项目经理部 合同号：A3

监理单位：××交通监理有限公司××高速公路 A3 标段监理部 编号：

工程名称		防护工程	施工时间	×年×月×日
桩号及部位		K9＋200～K9＋400 左侧排水管道基础及管节安装	检验时间	×年×月×日
项次	检查项目	规定值或允许偏差	检验结果	检验频率和方法
1△	混凝土抗压强度或砂浆强度/MPa	在标准范围内		
2	管轴线偏差/mm	15		
3	管内底高度/mm	＋10		
4	基础厚度/mm	≥设计值		
5	管座 肩宽/mm	＋10，－5		
	管座 肩高/mm	±10		
6	抹带 宽度/mm	≥设计值		
	抹带 厚度/mm	≥设计值		

自检说明：	监理评语：
施工员：××× ×年×月×日	监理员：××× ×年×月×日

施工负责人：××× 质量检查员：××× 监理工程师：×××

表 3-17 **砌浆排水沟现场质量检验报告单**

承包单位：××路桥集团有限公司××高速公路 A3 标段项目经理部　　合同号：A3

监理单位：××交通监理有限公司××高速公路 A3 标段监理部　　编号：

<table>
<tr><td colspan="2">工程名称</td><td>防护工程</td><td>施工时间</td><td>×年×月×日</td></tr>
<tr><td colspan="2">桩号及部位</td><td>K9＋500～K9＋600
左侧导流工程</td><td>检验时间</td><td>×年×月×日</td></tr>
<tr><td>项次</td><td>检查项目</td><td>规定值或允许偏差</td><td>检验结果</td><td>检验频率和方法</td></tr>
<tr><td>1△</td><td>砂浆强度/MPa</td><td>在标准范围内</td><td></td><td></td></tr>
<tr><td>2</td><td>轴线偏位/mm</td><td>50</td><td></td><td></td></tr>
<tr><td>3</td><td>沟底高程/mm</td><td>＋15</td><td></td><td></td></tr>
<tr><td>4</td><td>墙面直顺度/mm</td><td>30</td><td></td><td></td></tr>
<tr><td>5</td><td>坡度</td><td>满足设计要求</td><td></td><td></td></tr>
<tr><td>6</td><td>断面尺寸/mm</td><td>±30</td><td></td><td></td></tr>
<tr><td>7</td><td>铺砌厚度/mm</td><td>≥设计值</td><td></td><td></td></tr>
<tr><td>8</td><td>基础垫层宽度、厚度/mm</td><td>≥设计值</td><td></td><td></td></tr>
<tr><td></td><td></td><td></td><td></td><td></td></tr>
<tr><td></td><td></td><td></td><td></td><td></td></tr>
<tr><td></td><td></td><td></td><td></td><td></td></tr>
<tr><td></td><td></td><td></td><td></td><td></td></tr>
<tr><td></td><td></td><td></td><td></td><td></td></tr>
<tr><td colspan="3">自检说明：

施工员：×××　　×年×月×日</td><td colspan="2">监理评语：

监理员：×××　　×年×月×日</td></tr>
</table>

施工负责人：×××　　质量检查员：×××　　监理工程师：×××

6.见证记录、水泥试验报告

见证记录和水泥试验报告分别见表3-18和表3-19。

表3-18 **见证记录**

工程名称：________________

取样部位：________________

样品名称：________________ 取样数量：________________

取样地点：________________ 取样日期：________________

见证记录：

见证取样和送检印章：________

取样人签字：________________

见证人签字：________________

填制本记录日期：×年×月×日

表 3-19　　**水泥试验报告**

委托单位：________________　工程名称：________________

水泥品种及强度等级：________________　厂别及牌号：________________

出厂日期：________________　代数数量：________________　试验委托人：__________

出厂编号：________________　取样日期：________________

(1)细度

(2)标准稠度

(3)凝结时间

(4)安定性

(5)胶砂流动度

(6)强度

(7)其他

结论：____

负责人：__________　审核：__________　计算：__________　试验：__________

试验日期：×年×月×日至×年×月×日

报告日期：×年×月×日

7.施工试验记录

压实度试验记录表(灌砂法)和回弹弯沉试验记录表分别见表 3-20 和表 3-21。

表 3-20　　压实度试验记录表(灌砂法)

承包单位:××路桥集团有限公司××高速公路 A3 标段项目经理部　　合同号:A3

监理单位:××交通监理有限公司××高速公路 A3 标段监理部　　编号:

<table>
<tr><td colspan="3">工程名称</td><td colspan="3">土方路基</td><td colspan="3">试验单位</td><td colspan="3">××集团有限公司</td></tr>
<tr><td colspan="3">土样类别</td><td colspan="3">中粒土</td><td colspan="3">试验完成日期</td><td colspan="3">×年×月×日</td></tr>
<tr><td colspan="3">最佳含水量/%</td><td colspan="3"></td><td colspan="3">试验人签字</td><td colspan="3">×××</td></tr>
<tr><td colspan="3">最大干密度/(g·cm⁻¹)</td><td colspan="3"></td><td colspan="3">审核人签字</td><td colspan="3">×××</td></tr>
<tr><td colspan="2">桩号</td><td colspan="2">K2+000</td><td colspan="2">K2+020</td><td colspan="2">K2+040</td><td colspan="2">K2+060</td><td colspan="2">K2+080</td></tr>
<tr><td colspan="2">取样位置/m</td><td colspan="2">左 2.0</td><td colspan="2">右 2.0</td><td colspan="2">左 4.0</td><td colspan="2">右 4.0</td><td colspan="2">中线位置</td></tr>
<tr><td>1</td><td>灌砂前(筒+砂质量)/g</td><td colspan="2"></td><td colspan="2"></td><td colspan="2"></td><td colspan="2"></td><td colspan="2"></td></tr>
<tr><td>2</td><td>灌砂后(筒+砂质量)/g</td><td colspan="2"></td><td colspan="2"></td><td colspan="2"></td><td colspan="2"></td><td colspan="2"></td></tr>
<tr><td>3</td><td>锥体砂质量/g</td><td colspan="2"></td><td colspan="2"></td><td colspan="2"></td><td colspan="2"></td><td colspan="2"></td></tr>
<tr><td>4</td><td>试坑砂质量/g</td><td colspan="2"></td><td colspan="2"></td><td colspan="2"></td><td colspan="2"></td><td colspan="2"></td></tr>
<tr><td>5</td><td>砂密度/(g·cm⁻³)</td><td colspan="2"></td><td colspan="2"></td><td colspan="2"></td><td colspan="2"></td><td colspan="2"></td></tr>
<tr><td>6</td><td>试坑体积/cm³</td><td colspan="2"></td><td colspan="2"></td><td colspan="2"></td><td colspan="2"></td><td colspan="2"></td></tr>
<tr><td>7</td><td>试坑土质量/g</td><td colspan="2"></td><td colspan="2"></td><td colspan="2"></td><td colspan="2"></td><td colspan="2"></td></tr>
<tr><td>8</td><td>湿密度/(g·cm⁻³)</td><td colspan="2"></td><td colspan="2"></td><td colspan="2"></td><td colspan="2"></td><td colspan="2"></td></tr>
<tr><td></td><td>盒号</td><td></td><td></td><td></td><td></td><td></td><td></td><td></td><td></td><td></td><td></td></tr>
<tr><td>1</td><td>盒+湿土质量/g</td><td></td><td></td><td></td><td></td><td></td><td></td><td></td><td></td><td></td><td></td></tr>
<tr><td>2</td><td>盒+干土质量/g</td><td></td><td></td><td></td><td></td><td></td><td></td><td></td><td></td><td></td><td></td></tr>
<tr><td>3</td><td>水质量/g</td><td></td><td></td><td></td><td></td><td></td><td></td><td></td><td></td><td></td><td></td></tr>
<tr><td>4</td><td>盒质量/g</td><td></td><td></td><td></td><td></td><td></td><td></td><td></td><td></td><td></td><td></td></tr>
<tr><td>5</td><td>干土质量/g</td><td></td><td></td><td></td><td></td><td></td><td></td><td></td><td></td><td></td><td></td></tr>
<tr><td>6</td><td>含水量/%</td><td></td><td></td><td></td><td></td><td></td><td></td><td></td><td></td><td></td><td></td></tr>
<tr><td>7</td><td>平均含水量/%</td><td></td><td></td><td></td><td></td><td></td><td></td><td></td><td></td><td></td><td></td></tr>
<tr><td>8</td><td>干密度/(g·cm⁻³)</td><td></td><td></td><td></td><td></td><td></td><td></td><td></td><td></td><td></td><td></td></tr>
<tr><td colspan="2">压实度/%</td><td colspan="2"></td><td colspan="2"></td><td colspan="2"></td><td colspan="2"></td><td colspan="2"></td></tr>
<tr><td colspan="2">路基部位(第几层)</td><td colspan="10">上路提第三层</td></tr>
<tr><td colspan="2">压实度标准/%</td><td colspan="10"></td></tr>
<tr><td colspan="2">结论</td><td colspan="10">合格</td></tr>
</table>

施工负责人:×××　　质量检查员:×××　　监理工程师:×××

表 3-21 回弹弯沉试验记录表

承包单位：××路桥集团有限公司××高速公路 A3 标段项目经理部　　合同号：A3

监理单位：××交通监理有限公司××高速公路 A3 标段监理部　　编号：

<table>
<tr><td>线路名称</td><td colspan="3">××公路工程 A3 合同段</td><td colspan="3">试验车型号</td><td colspan="2">BZZ-100</td><td colspan="2">后轴重/kN</td><td colspan="2">100</td></tr>
<tr><td>当量圆直径/cm</td><td colspan="3">21.4</td><td colspan="3">轮胎气压/MPa</td><td colspan="2">0.72</td><td colspan="2">弯沉仪型号</td><td colspan="2"></td></tr>
<tr><td colspan="2">路面结构</td><td colspan="4"></td><td colspan="3">层次</td><td colspan="4"></td></tr>
<tr><td>测定日期</td><td colspan="3">×年×月×日</td><td colspan="3">天气</td><td colspan="2"></td><td colspan="2">温度/℃</td><td colspan="2"></td></tr>
<tr><td rowspan="2">桩号</td><td colspan="3">左</td><td colspan="3">左中</td><td colspan="3">右中</td><td colspan="3">右</td></tr>
<tr><td>初读数</td><td>末读数</td><td>弯沉</td><td>初读数</td><td>末读数</td><td>弯沉</td><td>初读数</td><td>末读数</td><td>弯沉</td><td>初读数</td><td>末读数</td><td>弯沉</td></tr>
<tr><td>K2+000</td><td></td><td></td><td></td><td></td><td></td><td></td><td></td><td></td><td></td><td></td><td></td><td></td></tr>
<tr><td>K2+020</td><td></td><td></td><td></td><td></td><td></td><td></td><td></td><td></td><td></td><td></td><td></td><td></td></tr>
<tr><td>K2+040</td><td></td><td></td><td></td><td></td><td></td><td></td><td></td><td></td><td></td><td></td><td></td><td></td></tr>
<tr><td>K2+060</td><td></td><td></td><td></td><td></td><td></td><td></td><td></td><td></td><td></td><td></td><td></td><td></td></tr>
<tr><td>K2+080</td><td></td><td></td><td></td><td></td><td></td><td></td><td></td><td></td><td></td><td></td><td></td><td></td></tr>
<tr><td>K2+100</td><td></td><td></td><td></td><td></td><td></td><td></td><td></td><td></td><td></td><td></td><td></td><td></td></tr>
<tr><td>K2+120</td><td></td><td></td><td></td><td></td><td></td><td></td><td></td><td></td><td></td><td></td><td></td><td></td></tr>
<tr><td>K2+140</td><td></td><td></td><td></td><td></td><td></td><td></td><td></td><td></td><td></td><td></td><td></td><td></td></tr>
<tr><td>K2+160</td><td></td><td></td><td></td><td></td><td></td><td></td><td></td><td></td><td></td><td></td><td></td><td></td></tr>
<tr><td colspan="6">自检说明：

施工员：×××　　×年×月×日</td><td colspan="7">监理评语：

监理员：×××　　×年×月×日</td></tr>
</table>

施工负责人：×××　　质量检查员：×××　　监理工程师：×××

8.施工质量检验记录

纵断高程、中线偏位、路基宽度、路基平整度、路基横坡和基坑的检验记录表见表 3-22～表 3-27)。

表 3-22　　纵断高程检验记录表

承包单位：××路桥集团有限公司××高速公路 A3 标段项目经理部　　合同号：A3

监理单位：××交通监理有限公司××高速公路 A3 标段监理部　　编号：

工程名称			土方路基			施工时间		×年×月×日	
桩号及部位						检验时间		×年×月×日	
桩号及位置	左幅			路中			右幅		
	设计/m	实测/m	偏差/mm	设计/m	实测/m	偏差/mm	设计/m	实测/m	偏差/mm
K3+000									
K3+020 左 10 m									
K3+040									
K3+060 右 10 m									
K3+080									
K3+100 左 5 m									
K3+120									
K3+140 右 5 m									
K3+160									
K3+180 左 2 m									
K3+200 右 4 m									
允许偏差/mm					检测点数				
合格点数					合格率				

施工负责人：×××　　质量检查员：×××　　监理工程师：×××

表 3-23 **中线偏位检验记录表**

承包单位:××路桥集团有限公司××高速公路 A3 标段项目经理部 合同号:A3

监理单位:××交通监理有限公司××高速公路 A3 标段监理部 编号:

工程名称	土方路基	施工时间	×年×月×日
桩号及部位		检验时间	×年×月×日
桩号及位置	偏差/mm	桩号或位置	偏差/mm
K3+000		K3+020	
K3+040		K3+060	
K3+080		K3+100	
K3+120		K3+140	
K3+160		K3+180	
K3+200			
允许偏差/mm		检测点数	
合格点数		合格率	

施工负责人:××× 质量检查员:××× 监理工程师:×××

表 3-24 **路基宽度检验记录表**

承包单位：××路桥集团有限公司××高速公路 A3 标段项目经理部　　合同号：A3

监理单位：××交通监理有限公司××高速公路 A3 标段监理部　　编号：

工程名称	土方路基				施工时间	×年×月×日			
桩号及部位					检验时间	×年×月×日			
桩号及位置	设计/m		实测/m		桩号及位置	设计/m		实测/m	
	左	右	左	右		左	右	左	右
K3+000					K3+020				
K3+040					K3+060				
K3+080					K3+100				
K3+120					K3+140				
K3+160					K3+180				
K3+200									
设计宽度/m					检测点数				
合格点数					合格率				

施工负责人：×××　　质量检查员：×××　　监理工程师：×××

表 3-25 **路基平整度检验记录表**

承包单位:××路桥集团有限公司××高速公路 A3 标段项目经理部 合同号:A3

监理单位:××交通监理有限公司××高速公路 A3 标段监理部 编号:

工程名称	土方路基	施工时间	×年×月×日
检验部位		检验日期	×年×月×日

桩号	左幅实测/mm										右幅实测/mm									
	1	2	3	4	5	6	7	8	9	10	1	2	3	4	5	6	7	8	9	10
K3+000																				
K3+020																				
K3+040																				
K3+060																				

允许偏差/mm		检测点数	
合格点数		合格率	

施工负责人:××× 质量检查员:××× 监理工程师:×××

表 3-26　　　　　　　　　　**路基横坡检验记录表**

承包单位：××路桥集团有限公司××高速公路 A3 标段项目经理部　　　　合同号：A3

监理单位：××交通监理有限公司××高速公路 A3 标段监理部　　　　编号：

<table>
<tr><td>工程名称</td><td colspan="7">土方路基</td><td colspan="2">施工时间</td><td colspan="5">×年×月×日</td></tr>
<tr><td>检验部位</td><td colspan="7"></td><td colspan="2">检验日期</td><td colspan="5">×年×月×日</td></tr>
<tr><td rowspan="3">桩号</td><td colspan="7">左幅</td><td colspan="7">右幅</td></tr>
<tr><td colspan="4">实测值/m</td><td colspan="3">横坡度/%</td><td colspan="4">实测值/m</td><td colspan="3">横坡度/%</td></tr>
<tr><td>内侧高程</td><td>外侧高程</td><td>高差</td><td>宽度</td><td>设计</td><td>实测</td><td>偏差</td><td>内侧高程</td><td>外侧高程</td><td>高差</td><td>宽度</td><td>设计</td><td>实测</td><td>偏差</td></tr>
<tr><td>K3+000</td><td></td><td></td><td></td><td></td><td></td><td></td><td></td><td></td><td></td><td></td><td></td><td></td><td></td><td></td></tr>
<tr><td>K3+020</td><td></td><td></td><td></td><td></td><td></td><td></td><td></td><td></td><td></td><td></td><td></td><td></td><td></td><td></td></tr>
<tr><td>K3+040</td><td></td><td></td><td></td><td></td><td></td><td></td><td></td><td></td><td></td><td></td><td></td><td></td><td></td><td></td></tr>
<tr><td>K3+060</td><td></td><td></td><td></td><td></td><td></td><td></td><td></td><td></td><td></td><td></td><td></td><td></td><td></td><td></td></tr>
<tr><td>K3+080</td><td></td><td></td><td></td><td></td><td></td><td></td><td></td><td></td><td></td><td></td><td></td><td></td><td></td><td></td></tr>
<tr><td></td><td></td><td></td><td></td><td></td><td></td><td></td><td></td><td></td><td></td><td></td><td></td><td></td><td></td><td></td></tr>
<tr><td></td><td></td><td></td><td></td><td></td><td></td><td></td><td></td><td></td><td></td><td></td><td></td><td></td><td></td><td></td></tr>
<tr><td></td><td></td><td></td><td></td><td></td><td></td><td></td><td></td><td></td><td></td><td></td><td></td><td></td><td></td><td></td></tr>
<tr><td></td><td></td><td></td><td></td><td></td><td></td><td></td><td></td><td></td><td></td><td></td><td></td><td></td><td></td><td></td></tr>
<tr><td></td><td></td><td></td><td></td><td></td><td></td><td></td><td></td><td></td><td></td><td></td><td></td><td></td><td></td><td></td></tr>
<tr><td></td><td></td><td></td><td></td><td></td><td></td><td></td><td></td><td></td><td></td><td></td><td></td><td></td><td></td><td></td></tr>
<tr><td></td><td></td><td></td><td></td><td></td><td></td><td></td><td></td><td></td><td></td><td></td><td></td><td></td><td></td><td></td></tr>
<tr><td colspan="3">允许偏差/mm</td><td colspan="4"></td><td colspan="4">检测点数</td><td colspan="4"></td></tr>
<tr><td colspan="3">合格点数</td><td colspan="4"></td><td colspan="4">合格率</td><td colspan="4"></td></tr>
</table>

施工负责人：×××　　　　质量检查员：×××　　　　监理工程师：×××

表 3-27　　**基坑检验记录表**

承包单位：××路桥集团有限公司××高速公路 A3 标段项目经理部　　合同号：A3

监理单位：××交通监理有限公司××高速公路 A3 标段监理部　　编号：

工程名称	防护工程	施工时间	×年×月×日
桩号及部位	K8＋000～K8＋200 左侧加筋土挡土墙基坑	检验时间	×年×月×日
检验项目	规定值或允许偏差	检验结果	检验方法与频率
轴线偏位/mm	25	符合《公路工程质量检验评定标准 第一册　土建工程》(JTG F80/1—2017)	经纬仪：纵、横各 2 处
基底高程/mm	±50	符合《公路工程质量检验评定标准 第一册　土建工程》(JTG F80/1—2017)	水准仪：纵、横各 2 处 四角各 1 处
基底土质	粉质黏土	与设计相符	按设计要求检查
基底承载力/MPa	20	25	按设计要求检查
基坑平面尺寸/m	不小于设计要求	符合设计要求	尺量：长、宽各 3 处
基坑平面位置：		地基处理方法：	
自检说明： 施工员：×××　×年×月×日		监理评语： 监理员：×××　×年×月×日	

施工负责人：×××　　质量检查员：×××　　监理工程师：×××

9.现场质量检验报告单

浆砌砌体、干砌切片、水泥混凝土及沥青混凝土面层的现场质量检验报告单见表3-28～表3-31。

表 3-28　　浆砌砌体现场质量检验报告单

承包单位：××路桥集团有限公司××高速公路A3标段项目经理部　　合同号：A3

监理单位：××交通监理有限公司××高速公路A3标段监理部　　编号：

<table>
<tr><td colspan="3">工程名称</td><td>防护工程</td><td>施工时间</td><td>×年×月×日</td></tr>
<tr><td colspan="3">桩号及部位</td><td>K8+000～K8+200
右侧扶壁式挡土墙</td><td>检验时间</td><td>×年×月×日</td></tr>
<tr><td>项次</td><td colspan="2">检查项目</td><td>规定值或允许偏差</td><td>检验结果</td><td>检验频率和方法</td></tr>
<tr><td>1</td><td colspan="2">砂浆强度/MPa</td><td>在合格标准内</td><td></td><td></td></tr>
<tr><td rowspan="2">2</td><td rowspan="2">顶面高程/mm</td><td>料、块石</td><td>±15</td><td rowspan="2"></td><td rowspan="2">吊垂线：每50 m检查3点</td></tr>
<tr><td>片石</td><td>±20</td></tr>
<tr><td rowspan="2">3</td><td rowspan="2">竖直度或坡度/%</td><td>料、块石</td><td>0.3</td><td rowspan="2"></td><td rowspan="2">水准仪：每20 m检查3点</td></tr>
<tr><td>片石</td><td>0.5</td></tr>
<tr><td rowspan="3">4</td><td rowspan="3">断面尺寸/mm</td><td>料石</td><td>±20</td><td rowspan="3"></td><td rowspan="3">尺量：每20 m检查2处</td></tr>
<tr><td>块石</td><td>±30</td></tr>
<tr><td>片石</td><td>±50</td></tr>
<tr><td rowspan="3">5</td><td rowspan="3">表面平整度/mm</td><td>料石</td><td>10</td><td rowspan="3"></td><td rowspan="3">2 m直尺：每20 m检查5处×3尺</td></tr>
<tr><td>块石</td><td>20</td></tr>
<tr><td>片石</td><td>30</td></tr>
<tr><td colspan="4">自检说明：

施工员：×××　　×年×月×日</td><td colspan="2">监理评语：

监理员：×××　　×年×月×日</td></tr>
</table>

施工负责人：×××　　质量检查员：×××　　监理工程师：×××

表 3-29 **干切片石现场质量检验报告单**

承包单位：××路桥集团有限公司××高速公路 A3 标段项目经理部 合同号：A3

监理单位：××交通监理有限公司××高速公路 A3 标段监理部 编号：

工程名称		防护工程	施工时间	×年×月×日
桩号及部位		K9+200～K9+300 右侧护坡	检验时间	×年×月×日
项次	检查项目	规定值或允许偏差	检验结果	检验频率和方法
1	顶面高程/mm	±30		水准仪：每 20 m 检查 3 点
2	外形尺寸/mm	±100		尺量：每 20 m 或自然段，长、宽各 3 处
3	厚度/mm	不小于设计值		尺量：每 20 m 检查 3 处
4	表面平整度/mm	50		2 m 直尺： 每 20 m 检查 5 处×3 尺
自检说明： 施工员：××× ×年×月×日			监理评语： 监理员：××× ×年×月×日	

施工负责人：××× 质量检查员：××× 监理工程师：×××

表 3-30　　　　　　　　水泥混凝土面层现场质量检验报告单

承包单位：××路桥集团有限公司××高速公路 A3 标段项目经理部　　　　　　合同号：A3

监理单位：××交通监理有限公司××高速公路 A3 标段监理部　　　　　　　　编号：

工程名称	路面工程	施工时间	×年×月×日
桩号及部位	K11＋000～K12＋000 左幅面层	检验时间	×年×月×日

项次	检查项目		规定值或允许偏差		检验结果		检验频率和方法
			高速及一般公路	其他公路			
1△	弯拉强度/MPa		在合格标准内				
2△	板厚度/mm		代表值	5			每 200 m 每车道 2 处
			合格值	10			
			极值	15			
3	平整度	σ/mm	≤1.32	≤2.0			平整度仪：全线每车道连续检验，每 100 m 计算 σ 或 TRI
		IRI/(m・km⁻¹)	≤2.2	3.3			
		最大间歇 *h*/mm	3	5			3 m 直尺：半幅车道板带每 200 m 测 2 处×10 尺
4	抗滑构造深度/mm	一般路段	0.7～1.1	0.5～1.0			铺砂法：每 200 m 测 1 处
		特殊路段	0.8～1.2	0.6～1.1			
5	横向力系数 SFC	一般路段	≥50				抽量：每条胀缝 2 点；每 200 m 抽纵、横各 2 条，每条 2 点
		特殊公路	≥55	≥50			
6	纵、横缝顺直度/mm		10				纵缝 20 m 拉线，每 200 m 测 4 处
7	纵、横缝顺直度/mm		≤10				
8	中线平面偏位/mm		≤20				经纬仪：每 200 m 测 4 处
9	路面宽度/mm		＝20				抽量：每 200 m 测 4 处
10	纵断高程/mm		＝10	＝15			水准仪：每 200 m 测 4 处
11	横坡度/%		±0.15	±0.25			水准仪：每 200 m 测 4 处
12	断板率/%		≤0.2	≤0.4			

自检说明：	监理评语：
施工员：×××　　　　×年×月×日	监理员：×××　　　　×年×月×日

施工负责人：×××　　　　　　质量检查员：×××　　　　　　监理工程师：×××

表 3-31　　沥青混凝土面层和沥青碎(砾)石面层现场质量检验报告单

承包单位：××路桥集团有限公司××高速公路 A3 标段项目经理部　　合同号：A3

监理单位：××交通监理有限公司××高速公路 A3 标段监理部　　编号：

工程名称	路面工程	施工时间	×年×月×日
桩号及部位	K11+000～K12+000 左幅面层	检验时间	×年×月×日

项次	检查项目		规定值或允许偏差		检验结果		
			高速及一般公路	其他公路	高速及一般公路	其他公路	
1△	压实度/%		实验室标准密度的 96% 最大理论密度的 92% 试验段密度的 98%				每 200 m 测 1 处
2△	平整度	标准偏差 σ/mm	≤1.2	≤2.5			平整度仪：全线每车道连续按每 100 m 计算 σ 或 IRI
		IRI/(m·km^{-1})	≤2.0	≤4.2			
		最大间隙 h/mm	—	≤5			3 m 直尺：每 200 m 测 2 处×10 尺
3	弯沉/0.01 mm		≤设计验收弯沉				
4	渗水系数/(mL·min^{-1})	SMA 路面	≤12				渗水试验仪：每 200 m 测 1 块
		其他沥青路面	≤200				
5	摩擦系数		满足设计要求				摆式仪：每 200 m 测 1 处 铺砂法：每 200 m 测 1 处
6	厚度/mm	代表值	总厚度：−5%H 上面层：−10%h	−8%H			经纬仪：每 200 m 测 4 点
		合格值	总厚度：−10%H 上面层：−20%h	−15%H			
7	中线平面偏位/mm		±15	±20			水准仪：每 200 m 测 4 断面
8	纵断高程/mm		±15	±20			尺量：每 200 m 测 4 断面
9	宽度/mm	有侧石	±20	±30			水准仪：每 200 m 测 4 处
		无侧石	≥设计值				
10	横坡度/%		±0.3	±0.5			
11△	矿料级配		满足生产配合比要求				
12△	沥青含量		满足生产配合比要求				
13	马歇尔稳定度		满足生产配合比要求				

自检说明：	监理评语：
施工员：×××　　×年×月×日	监理员：×××　　×年×月×日

施工负责人：×××　　质量检查员：×××　　监理工程师：×××

第三节 桥梁工程施工资料

一、施工准备阶段的施工技术资料

1.报验申请表

某工程的报验申请表见表3-32。

表3-32 ______报验申请表

工程名称：××桥梁工程

致：______(监理单位) 我单位已完成了______工作，现上报该工程报验申请表予以审查和验收。 附件： 承包单位(章)：______ 项目经理：______ 日期：______
审查意见： 项目监理机构(章)：______ 总/专业监理工程师：______ 日期：______

2.施工记录表

冲击钻的钻孔桩钻进记录旋转钻的钻孔桩钻进记录和钻孔桩水下混凝土灌筑记录见表 3-33～表 3-35。

表 3-33　　**钻孔桩钻进记录(冲击钻)**

工程名称：××桥梁工程　　　　施工单位：×××

<table>
<tr><td>墩(台)号</td><td colspan="4">7 号墩</td><td colspan="2">桩位编号</td><td colspan="2">2 号</td><td colspan="2">桩径/m</td><td colspan="2">1.2</td><td colspan="2">地面标高</td><td>21.580</td><td>设计桩尖标高/m</td><td>−2.16</td></tr>
<tr><td>护筒长度/m</td><td colspan="4">1.5</td><td colspan="2">护筒顶标高/m</td><td colspan="2">21.558</td><td colspan="2">护筒埋置深度/m</td><td colspan="2">1.2</td><td colspan="2">钻头形式直径/mm</td><td>1200</td><td>钻头质量/kg</td><td>4 300</td></tr>
<tr><td colspan="5">时　间</td><td rowspan="3">共计/h</td><td rowspan="3">工作内容</td><td rowspan="3">冲程/m</td><td rowspan="3">冲击次数/(次/分)</td><td colspan="2">钻进深度/m</td><td colspan="4">孔位偏差/mm</td><td rowspan="3">孔底标高/m</td><td rowspan="3">孔内水位/m</td><td rowspan="3">备　注</td></tr>
<tr><td rowspan="2">年　月　日</td><td colspan="2">起</td><td colspan="2">止</td><td rowspan="2">本次</td><td rowspan="2">累计</td><td rowspan="2">前</td><td rowspan="2">后</td><td rowspan="2">左</td><td rowspan="2">右</td></tr>
<tr><td>时</td><td>分</td><td>时</td><td>分</td></tr>
<tr><td></td><td></td><td></td><td></td><td></td><td></td><td></td><td></td><td></td><td></td><td></td><td></td><td></td><td></td><td></td><td></td><td></td><td></td></tr>
<tr><td></td><td></td><td></td><td></td><td></td><td></td><td></td><td></td><td></td><td></td><td></td><td></td><td></td><td></td><td></td><td></td><td></td><td></td></tr>
<tr><td></td><td></td><td></td><td></td><td></td><td></td><td></td><td></td><td></td><td></td><td></td><td></td><td></td><td></td><td></td><td></td><td></td><td></td></tr>
<tr><td></td><td></td><td></td><td></td><td></td><td></td><td></td><td></td><td></td><td></td><td></td><td></td><td></td><td></td><td></td><td></td><td></td><td></td></tr>
<tr><td></td><td></td><td></td><td></td><td></td><td></td><td></td><td></td><td></td><td></td><td></td><td></td><td></td><td></td><td></td><td></td><td></td><td></td></tr>
<tr><td></td><td></td><td></td><td></td><td></td><td></td><td></td><td></td><td></td><td></td><td></td><td></td><td></td><td></td><td></td><td></td><td></td><td></td></tr>
<tr><td></td><td></td><td></td><td></td><td></td><td></td><td></td><td></td><td></td><td></td><td></td><td></td><td></td><td></td><td></td><td></td><td></td><td></td></tr>
<tr><td></td><td></td><td></td><td></td><td></td><td></td><td></td><td></td><td></td><td></td><td></td><td></td><td></td><td></td><td></td><td></td><td></td><td></td></tr>
<tr><td></td><td></td><td></td><td></td><td></td><td></td><td></td><td></td><td></td><td></td><td></td><td></td><td></td><td></td><td></td><td></td><td></td><td></td></tr>
<tr><td></td><td></td><td></td><td></td><td></td><td></td><td></td><td></td><td></td><td></td><td></td><td></td><td></td><td></td><td></td><td></td><td></td><td></td></tr>
<tr><td></td><td></td><td></td><td></td><td></td><td></td><td></td><td></td><td></td><td></td><td></td><td></td><td></td><td></td><td></td><td></td><td></td><td></td></tr>
<tr><td></td><td></td><td></td><td></td><td></td><td></td><td></td><td></td><td></td><td></td><td></td><td></td><td></td><td></td><td></td><td></td><td></td><td></td></tr>
<tr><td></td><td></td><td></td><td></td><td></td><td></td><td></td><td></td><td></td><td></td><td></td><td></td><td></td><td></td><td></td><td></td><td></td><td></td></tr>
<tr><td></td><td></td><td></td><td></td><td></td><td></td><td></td><td></td><td></td><td></td><td></td><td></td><td></td><td></td><td></td><td></td><td></td><td></td></tr>
<tr><td colspan="3">钻孔中出现的问题及处理方法</td><td colspan="15"></td></tr>
</table>

施工项目技术负责人：×××　　工序负责人：×××　　记录人：×××　　监理：×××　　×年×月×日

表 3-34

钻孔桩钻进记录(旋转钻)

施工单位:×××

<table>
<tr><td colspan="2">工程名称</td><td colspan="7">××桥梁工程</td><td colspan="2">墩(台)号</td><td colspan="6">7 号墩</td><td colspan="2">桩位编号</td><td colspan="5">2 号桩</td></tr>
<tr><td colspan="2">地面标高/m</td><td colspan="4">3.765</td><td colspan="3">孔外水位标高/m</td><td>—</td><td>护筒顶标高/m</td><td colspan="2">4.065</td><td colspan="3">护筒底标高/m</td><td colspan="2">−0.635</td><td>护筒埋置深度/m</td><td colspan="5">4.4</td></tr>
<tr><td colspan="2">钻机类型及编号</td><td colspan="5">SYR220 型旋挖钻/2-9 号机</td><td colspan="3">钻头类型及编号</td><td colspan="2">筒钻 ϕ1.2</td><td>桩径/m</td><td colspan="3">1.2</td><td colspan="4">桩尖设计标高/m</td><td colspan="4">−43.115</td></tr>
<tr><td colspan="6">时　间</td><td rowspan="3">工作内容</td><td colspan="5">钻进深度/m</td><td rowspan="3">孔底标高/m</td><td rowspan="3">孔斜度</td><td colspan="4">孔位偏差/m</td><td rowspan="3">地质情况</td><td colspan="4">泥　浆</td><td rowspan="3">其他</td></tr>
<tr><td rowspan="2">年　月　日</td><td colspan="2">起</td><td colspan="2">止</td><td rowspan="2">共计/h</td><td rowspan="2">钻杆长度</td><td rowspan="2">起钻读数</td><td rowspan="2">停钻读数</td><td rowspan="2">本次进尺</td><td rowspan="2">累计进尺</td><td rowspan="2">前</td><td rowspan="2">后</td><td rowspan="2">左</td><td rowspan="2">右</td><td colspan="2">质量密度</td><td colspan="2">黏度</td></tr>
<tr><td>时</td><td>分</td><td>时</td><td>分</td><td>进</td><td>出</td><td>进</td><td>出</td></tr>
<tr><td></td><td></td><td></td><td></td><td></td><td></td><td></td><td></td><td></td><td></td><td></td><td></td><td></td><td></td><td></td><td></td><td></td><td></td><td></td><td></td><td></td><td></td><td></td><td></td></tr>
<tr><td></td><td></td><td></td><td></td><td></td><td></td><td></td><td></td><td></td><td></td><td></td><td></td><td></td><td></td><td></td><td></td><td></td><td></td><td></td><td></td><td></td><td></td><td></td><td></td></tr>
<tr><td></td><td></td><td></td><td></td><td></td><td></td><td></td><td></td><td></td><td></td><td></td><td></td><td></td><td></td><td></td><td></td><td></td><td></td><td></td><td></td><td></td><td></td><td></td><td></td></tr>
<tr><td></td><td></td><td></td><td></td><td></td><td></td><td></td><td></td><td></td><td></td><td></td><td></td><td></td><td></td><td></td><td></td><td></td><td></td><td></td><td></td><td></td><td></td><td></td><td></td></tr>
<tr><td></td><td></td><td></td><td></td><td></td><td></td><td></td><td></td><td></td><td></td><td></td><td></td><td></td><td></td><td></td><td></td><td></td><td></td><td></td><td></td><td></td><td></td><td></td><td></td></tr>
<tr><td></td><td></td><td></td><td></td><td></td><td></td><td></td><td></td><td></td><td></td><td></td><td></td><td></td><td></td><td></td><td></td><td></td><td></td><td></td><td></td><td></td><td></td><td></td><td></td></tr>
<tr><td></td><td></td><td></td><td></td><td></td><td></td><td></td><td></td><td></td><td></td><td></td><td></td><td></td><td></td><td></td><td></td><td></td><td></td><td></td><td></td><td></td><td></td><td></td><td></td></tr>
<tr><td></td><td></td><td></td><td></td><td></td><td></td><td></td><td></td><td></td><td></td><td></td><td></td><td></td><td></td><td></td><td></td><td></td><td></td><td></td><td></td><td></td><td></td><td></td><td></td></tr>
<tr><td></td><td></td><td></td><td></td><td></td><td></td><td></td><td></td><td></td><td></td><td></td><td></td><td></td><td></td><td></td><td></td><td></td><td></td><td></td><td></td><td></td><td></td><td></td><td></td></tr>
<tr><td></td><td></td><td></td><td></td><td></td><td></td><td></td><td></td><td></td><td></td><td></td><td></td><td></td><td></td><td></td><td></td><td></td><td></td><td></td><td></td><td></td><td></td><td></td><td></td></tr>
<tr><td></td><td></td><td></td><td></td><td></td><td></td><td></td><td></td><td></td><td></td><td></td><td></td><td></td><td></td><td></td><td></td><td></td><td></td><td></td><td></td><td></td><td></td><td></td><td></td></tr>
<tr><td></td><td></td><td></td><td></td><td></td><td></td><td></td><td></td><td></td><td></td><td></td><td></td><td></td><td></td><td></td><td></td><td></td><td></td><td></td><td></td><td></td><td></td><td></td><td></td></tr>
<tr><td></td><td></td><td></td><td></td><td></td><td></td><td></td><td></td><td></td><td></td><td></td><td></td><td></td><td></td><td></td><td></td><td></td><td></td><td></td><td></td><td></td><td></td><td></td><td></td></tr>
<tr><td></td><td></td><td></td><td></td><td></td><td></td><td></td><td></td><td></td><td></td><td></td><td></td><td></td><td></td><td></td><td></td><td></td><td></td><td></td><td></td><td></td><td></td><td></td><td></td></tr>
<tr><td></td><td></td><td></td><td></td><td></td><td></td><td></td><td></td><td></td><td></td><td></td><td></td><td></td><td></td><td></td><td></td><td></td><td></td><td></td><td></td><td></td><td></td><td></td><td></td></tr>
<tr><td colspan="7">钻孔中出现的问题及处理方法</td><td colspan="17">经监理现场取岩样确认,于××年××月××日 06:30,标高−43.135 m　终孔</td></tr>
</table>

施工项目技术负责人:×××　　工序负责人:×××　　记录人:×××　　监理:×××　　×年×月×日

表 3-35 **钻孔桩水下混凝土灌筑记录**

日期:×年×月×日

<table>
<tr><td>工程名称</td><td colspan="2">××桥梁工程</td><td>施工单位</td><td colspan="4">×××</td></tr>
<tr><td>墩台编号</td><td>9 号墩</td><td>桩编号</td><td>3 号桩</td><td>桩设计直径/m</td><td>1.2</td><td>设计桩底标高/m</td><td>−45.104</td></tr>
<tr><td>灌筑前孔底标高/m</td><td>−45.11</td><td>护筒顶标高/m</td><td>3.12</td><td colspan="2">钢筋骨架底标高/m</td><td colspan="2">−44.98</td></tr>
<tr><td>计算混凝土方量/m^3</td><td>52.26</td><td>混凝土强度等级</td><td>C25 水下</td><td>水泥品种等级</td><td>××商品混凝土××水泥 32.5</td><td>坍落度/m</td><td>20.0</td></tr>
</table>

<table>
<tr><td rowspan="2">时间</td><td rowspan="2">护筒顶至混凝土面深度/m</td><td rowspan="2">护筒顶至导管下口深度/m</td><td colspan="2">导管拆除数量</td><td colspan="2">实灌混凝土数量</td><td>钢筋位置情况、孔内情况、停灌原因、停灌时间、事故原因和处理情况等重要记事</td></tr>
<tr><td>节数</td><td>长度/m</td><td>本次数量/m^3</td><td>累计数量/m^3</td><td></td></tr>
<tr><td></td><td></td><td></td><td></td><td></td><td></td><td></td><td></td></tr>
<tr><td></td><td></td><td></td><td></td><td></td><td></td><td></td><td></td></tr>
<tr><td></td><td></td><td></td><td></td><td></td><td></td><td></td><td></td></tr>
<tr><td></td><td></td><td></td><td></td><td></td><td></td><td></td><td></td></tr>
<tr><td></td><td></td><td></td><td></td><td></td><td></td><td></td><td></td></tr>
<tr><td></td><td></td><td></td><td></td><td></td><td></td><td></td><td></td></tr>
<tr><td></td><td></td><td></td><td></td><td></td><td></td><td></td><td></td></tr>
<tr><td></td><td></td><td></td><td></td><td></td><td></td><td></td><td></td></tr>
<tr><td></td><td></td><td></td><td></td><td></td><td></td><td></td><td></td></tr>
<tr><td></td><td></td><td></td><td></td><td></td><td></td><td></td><td></td></tr>
<tr><td></td><td></td><td></td><td></td><td></td><td></td><td></td><td></td></tr>
<tr><td></td><td></td><td></td><td></td><td></td><td></td><td></td><td></td></tr>
<tr><td></td><td></td><td></td><td></td><td></td><td></td><td></td><td></td></tr>
<tr><td></td><td></td><td></td><td></td><td></td><td></td><td></td><td></td></tr>
<tr><td></td><td></td><td></td><td></td><td></td><td></td><td></td><td></td></tr>
<tr><td></td><td></td><td></td><td></td><td></td><td></td><td></td><td></td></tr>
<tr><td></td><td></td><td></td><td></td><td></td><td></td><td></td><td></td></tr>
<tr><td></td><td></td><td></td><td></td><td></td><td></td><td></td><td></td></tr>
<tr><td></td><td></td><td></td><td></td><td></td><td></td><td></td><td></td></tr>
<tr><td></td><td></td><td></td><td></td><td></td><td></td><td></td><td></td></tr>
<tr><td></td><td></td><td></td><td></td><td></td><td></td><td></td><td></td></tr>
</table>

施工项目技术负责人:××× 工序负责人:××× 记录:××× 监理:×××

3.测量复核记录

(1)测量复核记录(坐标)(表 3-36)

表 3-36 **测量复核记录(坐标)**

工程名称		××桥梁工程		施工单位		×××	
复核部位		11 号中墩桩位(成桩前)		日　期		×年×月×日	
原施测人		×××		测量复核人		×××	
测量复核情况示意图	桩　号	设计坐标		实测坐标		差值/mm	
		X	*Y*	*X*	*Y*	*X*	*Y*
	示意图： 将型号为 SET210K 全站仪架设在 QS02 坐标 X77929.747，Y72763.216，后视 QG05 坐标 X78432.958，Y72811.104 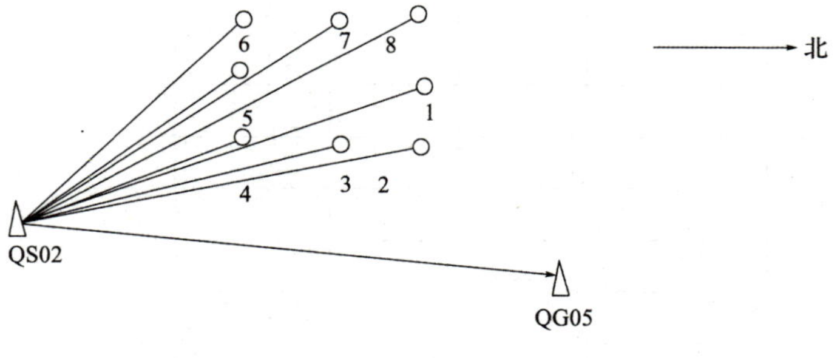 						
复核结论							
备　注							

计算：×××　　　　施工项目技术负责人：×××

(2)测量复核记录(标高)(表 3-37)

表 3-37 **测量复核记录(标高)**

<table>
<tr><td colspan="3">工程名称</td><td colspan="4">××桥梁工程</td><td colspan="4">施工单位</td><td colspan="3">×××</td></tr>
<tr><td colspan="3">复核部位</td><td colspan="4">×××</td><td colspan="4">日期</td><td colspan="3">×年×月×日</td></tr>
<tr><td colspan="3">原施测人</td><td colspan="4">×××</td><td colspan="4">测量复核人</td><td colspan="3">×××</td></tr>
<tr><td rowspan="11">测量复核情况示意图</td><td rowspan="2">桩　号</td><td colspan="4">设计高程</td><td colspan="4">实测高程</td><td colspan="4">差值/mm</td></tr>
<tr><td>a</td><td>b</td><td>c</td><td>d</td><td>a</td><td>b</td><td>c</td><td>d</td><td>Δa</td><td>Δb</td><td>Δc</td><td>Δd</td></tr>
<tr><td></td><td></td><td></td><td></td><td></td><td></td><td></td><td></td><td></td><td></td><td></td><td></td><td></td></tr>
<tr><td></td><td></td><td></td><td></td><td></td><td></td><td></td><td></td><td></td><td></td><td></td><td></td><td></td></tr>
<tr><td></td><td></td><td></td><td></td><td></td><td></td><td></td><td></td><td></td><td></td><td></td><td></td><td></td></tr>
<tr><td></td><td></td><td></td><td></td><td></td><td></td><td></td><td></td><td></td><td></td><td></td><td></td><td></td></tr>
<tr><td></td><td></td><td></td><td></td><td></td><td></td><td></td><td></td><td></td><td></td><td></td><td></td><td></td></tr>
<tr><td></td><td></td><td></td><td></td><td></td><td></td><td></td><td></td><td></td><td></td><td></td><td></td><td></td></tr>
<tr><td></td><td></td><td></td><td></td><td></td><td></td><td></td><td></td><td></td><td></td><td></td><td></td><td></td></tr>
<tr><td></td><td></td><td></td><td></td><td></td><td></td><td></td><td></td><td></td><td></td><td></td><td></td><td></td></tr>
<tr><td colspan="13">示意图：</td></tr>
<tr><td colspan="2">复核结论</td><td colspan="12"></td></tr>
<tr><td colspan="2">备　注</td><td colspan="12"></td></tr>
</table>

计算：×××　　　　　　　　施工项目技术负责人：×××

4.检查记录

(1)施工过程检查记录

钻孔桩成孔质量检查记录见表3-38。

表3-38 **钻孔桩成孔质量检查记录**

×年×月×日

工程名称	××桥梁工程		施工单位	×××			
墩台号		桩编号		孔垂直度			
护筒顶标高/m		设计孔底标高/m		孔位偏差/mm			
设计直径/m		成孔孔底标高/m		前	后	左	右
成孔直径/m		灌注前孔底标高/m					
钻孔中出现的问题及处理方法	根据岩土工程勘察报告,本桩基以风化砂岩夹含砂泥岩作为持力层,要求进入持力层(－0.16设计入岩标高)－(－2.16设计孔底标高)＝2 m,本桩已进入持力层(－0.16实际入岩标高)－(－2.66实际孔底标高)＝2.5 m,符合设计及施工规范要求						
钢筋骨架	骨架总长/m		骨架底面标高/m				
	骨架每节长/m		连接方法				
检查意见							

施工项目技术负责人:××× 质检员:××× 监理:×××

(2)预检工程检查记录(表 3-39)

表 3-39 **预检工程检查记录**

×年×月×日

工程名称	××桥梁工程	施工单位			
检查项目		预检范围			
预检内容					
检查情况					
处理情况	复查人:×××(监理工程师签字)×年×月×日				
施工项目技术负责人	测量员	质量员	施工员	班组长	填表人

(3)隐藏工程检查验收记录(表 3-40)

表 3-40　　隐藏工程检查验收记录

×年×月×日

<table>
<tr><td colspan="2">工程名称</td><td>××桥梁工程</td><td>施工单位</td><td></td></tr>
<tr><td colspan="2">隐藏项目</td><td></td><td>隐检范围</td><td></td></tr>
<tr><td>检查情况及隐检内容</td><td colspan="4"></td></tr>
<tr><td>验收意见</td><td colspan="4"></td></tr>
<tr><td>处理情况及结论</td><td colspan="4">复查人:×××　　×年×月×日</td></tr>
<tr><td colspan="2">建设单位</td><td>监理单位</td><td>施工项目
技术负责人</td><td>质检员</td></tr>
<tr><td colspan="2"></td><td></td><td></td><td></td></tr>
</table>

(4)检验批质量验收记录(表 3-41)

表 3-41　　检验批质量验收记录

×年×月×日

<table>
<tr><td colspan="3">工程名称</td><td colspan="7">××桥梁工程</td><td colspan="5">验收部位</td><td></td></tr>
<tr><td colspan="3">分项工程名称</td><td colspan="7"></td><td colspan="5">施工班组长</td><td></td></tr>
<tr><td colspan="3">施工单位</td><td colspan="7"></td><td colspan="5">专业工长</td><td></td></tr>
<tr><td colspan="3">施工执行标准
名称及编号</td><td colspan="7"></td><td colspan="5">项目经理</td><td></td></tr>
<tr><td rowspan="8">主控项目</td><td colspan="9">质量验收规范的规定</td><td colspan="5">施工单位检查评定记录</td><td>监理(建设)
单位验收记录</td></tr>
<tr><td colspan="9"></td><td colspan="5"></td><td rowspan="7"></td></tr>
<tr><td colspan="9"></td><td colspan="5"></td></tr>
<tr><td colspan="9"></td><td colspan="5"></td></tr>
<tr><td colspan="9"></td><td colspan="5"></td></tr>
<tr><td colspan="9"></td><td colspan="5"></td></tr>
<tr><td colspan="9"></td><td colspan="5"></td></tr>
<tr><td colspan="9"></td><td colspan="5"></td></tr>
<tr><td rowspan="7">一般项目</td><td colspan="2"></td><td></td><td></td><td></td><td></td><td></td><td></td><td></td><td></td><td></td><td></td><td></td><td></td><td></td></tr>
<tr><td></td><td></td><td></td><td></td><td></td><td></td><td></td><td></td><td></td><td></td><td></td><td></td><td></td><td></td><td rowspan="6"></td></tr>
<tr><td></td><td></td><td></td><td></td><td></td><td></td><td></td><td></td><td></td><td></td><td></td><td></td><td></td><td></td></tr>
<tr><td></td><td></td><td></td><td></td><td></td><td></td><td></td><td></td><td></td><td></td><td></td><td></td><td></td><td></td></tr>
<tr><td></td><td></td><td></td><td></td><td></td><td></td><td></td><td></td><td></td><td></td><td></td><td></td><td></td><td></td></tr>
<tr><td></td><td></td><td></td><td></td><td></td><td></td><td></td><td></td><td></td><td></td><td></td><td></td><td></td><td></td></tr>
<tr><td></td><td></td><td></td><td></td><td></td><td></td><td></td><td></td><td></td><td></td><td></td><td></td><td></td><td></td></tr>
<tr><td colspan="3">施工单位检查评定结论</td><td colspan="13">项目专业质量检查员：×××　　×年×月×日</td></tr>
<tr><td colspan="3">监理(建设)单位验收结论</td><td colspan="13">监理工程师：×××　　×年×月×日
(建设单位项目专业技术负责人)</td></tr>
</table>

二、施工阶段的施工技术资料

施工阶段中的桥梁总体，钻孔灌注桩，墩、台身，墩、台帽或盖梁，预制梁（板），就地浇筑梁（板），预制拱圈，墩、台安装，悬臂浇筑，斜拉桥的悬臂浇筑，以及桥面防水层的现场质量检验报告单见表 3-42～表 3-52。

表 3-42　　　　桥梁总体现场质量检验报告单

承包单位：××路桥集团有限公司××高速公路 A3 标段项目经理部　　　　合同号：A3

监理单位：××交通监理有限公司××高速公路 A3 标段监理部　　　　编号：

<table>
<tr><td>工程名称</td><td>K11＋000 大桥</td><td>施工时间</td><td>×年×月×日</td></tr>
<tr><td>桩号及部位</td><td>K11＋000
大桥总体</td><td>检验时间</td><td>×年×月×日</td></tr>
</table>

<table>
<tr><td>项次</td><td colspan="3">检查项目</td><td>规定值或允许偏差</td><td>检验结果</td><td>检验频率和方法</td></tr>
<tr><td>1</td><td colspan="3">桥面中线偏位/mm</td><td>≤20</td><td></td><td>全站仪或经纬仪：
检查 3～8 处</td></tr>
<tr><td rowspan="2">2</td><td rowspan="2">桥面宽/
mm</td><td colspan="2">行车道</td><td>±10</td><td></td><td rowspan="2">尺量：每孔 3～5 处</td></tr>
<tr><td colspan="2">人行道</td><td>±10</td><td></td></tr>
<tr><td>3</td><td colspan="3">桥长/mm</td><td>＋300，－100</td><td></td><td>全站仪或经纬仪，
钢尺：检查中心线</td></tr>
<tr><td rowspan="3">4</td><td colspan="3">引道中线与桥梁
中线的衔接/mm</td><td>20</td><td rowspan="3"></td><td rowspan="3">尺量：分别将引道中心线和桥梁中心线延长至两岸桥长端部，比较其平面位置</td></tr>
<tr><td rowspan="2">桥头
高程/mm</td><td colspan="2">$L<50$ m</td><td>±30</td></tr>
<tr><td colspan="2">$L\geqslant 50$ m</td><td>$\pm(L/5\ 000\pm 20)$</td></tr>
<tr><td></td><td colspan="3"></td><td></td><td></td><td></td></tr>
<tr><td></td><td colspan="3"></td><td></td><td></td><td></td></tr>
<tr><td></td><td colspan="3"></td><td></td><td></td><td></td></tr>
<tr><td></td><td colspan="3"></td><td></td><td></td><td></td></tr>
<tr><td></td><td colspan="3"></td><td></td><td></td><td></td></tr>
</table>

<table>
<tr><td>自检说明：

施工员：×××　　　　×年×月×日</td><td>监理评语：

监理员：×××　　　　×年×月×日</td></tr>
</table>

施工负责人：×××　　　　质量检查员：×××　　　　监理工程师：×××

表 3-43　　**钻孔灌注桩现场质量检验报告单**

承包单位：××路桥集团有限公司××高速公路 A3 标段项目经理部　　合同号：A3

监理单位：××交通监理有限公司××高速公路 A3 标段监理部　　编号：

工程名称	K11＋000 大桥	施工时间	×年×月×日
桩号及部位	K11＋000 大桥基础	检验时间	×年×月×日

<table>
<tr><th>项次</th><th colspan="3">检查项目</th><th>规定值或允许偏差</th><th>检验结果</th><th>检验频率和方法</th></tr>
<tr><td>1△</td><td colspan="3">混凝土强度/MPa</td><td>在合格标准内</td><td></td><td></td></tr>
<tr><td rowspan="3">2</td><td rowspan="3">桩位/mm</td><td colspan="2">群桩</td><td>≤100</td><td></td><td rowspan="3">全站仪或经纬仪：每桩检查</td></tr>
<tr><td rowspan="2">排架桩</td><td>允许值</td><td>≤50</td><td></td></tr>
<tr><td>极值</td><td>≤100</td><td></td></tr>
<tr><td>3△</td><td colspan="3">孔深/m</td><td>≥设计值</td><td></td><td>测绳量：每桩测量</td></tr>
<tr><td>4</td><td colspan="3">孔径/mm</td><td>≥设计值</td><td></td><td>探孔器：每桩测量</td></tr>
<tr><td>5</td><td colspan="3">钻孔倾斜度/mm</td><td>≤1%S，且≤500</td><td></td><td>用测壁仪或钻杆垂线法：每桩检查</td></tr>
<tr><td>6</td><td colspan="3">沉淀厚度/mm</td><td>满足设计规定</td><td></td><td>沉淀盒或标准测锤：每桩检查</td></tr>
<tr><td>7</td><td colspan="3">桩身完整性</td><td>满足设计要求，设计未要求时，每桩不低于Ⅱ类</td><td></td><td>水准仪：测每桩骨架顶面高程后反算</td></tr>
<tr><td></td><td colspan="3"></td><td></td><td></td><td></td></tr>
<tr><td></td><td colspan="3"></td><td></td><td></td><td></td></tr>
</table>

自检说明：	监理评语：
施工员：×××　　×年×月×日	监理员：×××　　×年×月×日

施工负责人：×××　　质量检查员：×××　　监理工程师：×××

表 3-44 **墩、台身现场质量检验报告单**

承包单位：××路桥集团有限公司××高速公路 A3 标段项目经理部　　合同号：A3

监理单位：××交通监理有限公司××高速公路 A3 标段监理部　　编号：

工程名称	K11+000 大桥	施工时间	×年×月×日
桩号及部位	K11+000 大桥墩、台身浇筑	检验时间	×年×月×日

项次	检查项目		规定值或允许偏差	检验结果	检验频率和方法
1△	混凝土强度/MPa		在合格标准内		
2	断面尺寸/mm		±20		尺量：检查 3 个断面
3	全高竖直度/mm	$H\leqslant 5$ m	≤5		吊垂线或经纬仪：测量 2 点
		5 m$<H\leqslant 60$ m	$\leqslant H/1\,000$，且≤20		
		$H>60$ m	$\leqslant H/3\,000$，且≤30		
4	顶面高程/mm		±10		水准仪：测量 3 处
5	轴线偏位/mm	$H\leqslant 60$ m	≤10，且相对于前一节段≤8		全站仪或经纬仪：纵横各测量 2 点
		$H>60$ m	≤15，且相对于前一节段≤8		
6	节段间错台/mm		≤5		尺量：每节检查 4 处
7	平整度/mm		≤8		2 m 直尺：检查竖直、水平两个方向，每 20 m^2 测 1 处
8	预埋件位置/mm		满足设计要求，设计未要求时≤5		尺量每件

自检说明： 施工员：×××　　×年×月×日	监理评语： 监理员：×××　　×年×月×日

施工负责人：×××　　质量检查员：×××　　监理工程师：×××

表 3-45 **墩、台帽或盖梁现场质量检验报告单**

承包单位:××路桥集团有限公司××高速公路 A3 标段项目经理部　　合同号:A3

监理单位:××交通监理有限公司××高速公路 A3 标段监理部　　编号:

<table>
<tr><td colspan="2">工程名称</td><td>K11+000 大桥</td><td>施工时间</td><td>×年×月×日</td></tr>
<tr><td colspan="2">桩号及部位</td><td>K11+000
大桥墩、台帽浇筑</td><td>检验时间</td><td>×年×月×日</td></tr>
<tr><td>项次</td><td>检查项目</td><td>规定值或允许偏差</td><td>检验结果</td><td>检验频率和方法</td></tr>
<tr><td>1</td><td>混凝土强度/MPa</td><td>在合格标准内</td><td></td><td></td></tr>
<tr><td>2</td><td>断面尺寸/mm</td><td>±20</td><td></td><td>尺量:检查 3 个断面</td></tr>
<tr><td>3</td><td>轴线偏位/mm</td><td>10</td><td></td><td>全站仪或经纬仪:
纵横各测量 2 点</td></tr>
<tr><td>4</td><td>顶面高程/mm</td><td>±10</td><td></td><td>水准仪:检查 3~5 点</td></tr>
<tr><td>5</td><td>支座垫石预留位置/mm</td><td>10</td><td></td><td>尺量:每个</td></tr>
<tr><td></td><td></td><td></td><td></td><td></td></tr>
<tr><td></td><td></td><td></td><td></td><td></td></tr>
<tr><td></td><td></td><td></td><td></td><td></td></tr>
<tr><td></td><td></td><td></td><td></td><td></td></tr>
<tr><td></td><td></td><td></td><td></td><td></td></tr>
<tr><td></td><td></td><td></td><td></td><td></td></tr>
<tr><td></td><td></td><td></td><td></td><td></td></tr>
<tr><td colspan="3">自检说明:

施工员:×××　　×年×月×日</td><td colspan="2">监理评语:

监理员:×××　　×年×月×日</td></tr>
</table>

施工负责人:×××　　质量检查员:×××　　监理工程师:×××

表 3-46 **预制梁(板)现场质量检验报告单**

承包单位:××路桥集团有限公司××高速公路 A3 标段项目经理部　　合同号:A3

监理单位:××交通监理有限公司××高速公路 A3 标段监理部　　编号:

工程名称	K11+000 大桥	施工时间	×年×月×日
桩号及部位	K11+000 大桥预制板	检验时间	×年×月×日

<table>
<tr><th>项次</th><th colspan="3">检查项目</th><th>规定值或允许偏差</th><th>检验结果</th><th>检验频率和方法</th></tr>
<tr><td>1</td><td colspan="3">混凝土强度/MPa</td><td>在合格标准内</td><td></td><td></td></tr>
<tr><td>2</td><td colspan="3">梁(板)长度/mm</td><td>+5,-10</td><td></td><td>尺量:每梁(板)</td></tr>
<tr><td rowspan="4">3</td><td rowspan="4">宽度/mm</td><td colspan="2">干接缝(梁翼缘、板)</td><td>±10</td><td></td><td rowspan="4">尺量:检查 3 处</td></tr>
<tr><td colspan="2">湿接缝(梁翼缘、板)</td><td>±20</td><td></td></tr>
<tr><td rowspan="2">箱梁</td><td>顶宽</td><td>±30</td><td></td></tr>
<tr><td>底宽</td><td>±20</td><td></td></tr>
<tr><td rowspan="2">4</td><td rowspan="2">高度/mm</td><td colspan="2">梁板</td><td>±5</td><td></td><td rowspan="2">尺量:检查 2 个断面</td></tr>
<tr><td colspan="2">箱梁</td><td>+0,5</td><td></td></tr>
<tr><td rowspan="3">5</td><td rowspan="3">断面尺寸/mm</td><td colspan="2">顶板厚</td><td rowspan="3">+5,-0</td><td></td><td rowspan="3">尺量:检查 2 个断面</td></tr>
<tr><td colspan="2">底板厚</td><td></td></tr>
<tr><td colspan="2">腹板或梁肋</td><td></td></tr>
<tr><td>6</td><td colspan="3">平整度/mm</td><td>5</td><td></td><td>2 m 直尺:每侧面每 10 m 梁长测 1 处</td></tr>
<tr><td>7</td><td colspan="3">横系梁及预埋件位置/mm</td><td>5</td><td></td><td>尺量:每件</td></tr>
</table>

自检说明:	监理评语:
施工员:×××　　×年×月×日	监理员:×××　　×年×月×日

施工负责人:×××　　质量检查员:×××　　监理工程师:×××

表 3-47　　**就地浇筑梁(板)现场质量检验报告单**

承包单位:××路桥集团有限公司××高速公路 A3 标段项目经理部　　合同号:A3

监理单位:××交通监理有限公司××高速公路 A3 标段监理部　　编号:

工程名称	K11+000 大桥	施工时间	×年×月×日
桩号及部位	K11+000 大桥梁(板)浇筑	检验时间	×年×月×日

项次	检查项目		规定值或允许偏差	检验结果	检验频率和方法
1	混凝土强度/MPa		在合格标准内		
2	轴线偏位/mm		10		全站仪或经纬仪:测量 3 处
3	梁板顶面高程/mm		±10		水准仪:检查 3~5 处
4	断面尺寸/mm	高度	+5,−10		尺量:每跨检查 1~3 个断面
		顶宽	±30		
		箱梁底宽	±20		
		顶、底、腹板或梁肋厚	+10,−0		
5	长度/mm		+5,−10		尺量:每梁(板)
6	横坡度/%		±10		水准仪:每跨检查 1~3 处
7	平整度/mm		8		2 m 直尺:每侧面每 10 m 梁长测 1 处

自检说明:	监理评语:
施工员:×××　　×年×月×日	监理员:×××　　×年×月×日

施工负责人:×××　　质量检查员:×××　　监理工程师:×××

表 3-48 **预制拱圈现场质量检验报告单**

承包单位:××路桥集团有限公司××高速公路 A3 标段项目经理部 合同号:A3

监理单位:××交通监理有限公司××高速公路 A3 标段监理部 编号:

<table>
<tr><td colspan="3">工程名称</td><td>K11+000 大桥</td><td>施工时间</td><td>×年×月×日</td></tr>
<tr><td colspan="3">桩号及部位</td><td>K11+000
大桥预制拱圈</td><td>检验时间</td><td>×年×月×日</td></tr>
<tr><td>项次</td><td colspan="2">检查项目</td><td>规定值或允许偏差</td><td>检验结果</td><td>检验频率和方法</td></tr>
<tr><td>1</td><td colspan="2">混凝土强度/MPa</td><td>在合格标准内</td><td></td><td></td></tr>
<tr><td>2</td><td colspan="2">每段拱箱内弧长/mm</td><td>+0,-10</td><td></td><td>尺量:每段</td></tr>
<tr><td>3</td><td colspan="2">内弧偏离设计弧线/mm</td><td>±5</td><td></td><td>样板:每段测 1~3 处</td></tr>
<tr><td rowspan="2">4</td><td rowspan="2">断面尺寸/mm</td><td>底板腹板厚</td><td>+10,-0</td><td></td><td rowspan="2">尺量:检查 2 处</td></tr>
<tr><td>宽度及高度</td><td>+10,-5</td><td></td></tr>
<tr><td rowspan="2">5</td><td rowspan="2">平整度/mm</td><td>肋拱</td><td>5</td><td></td><td rowspan="2">拉线用尺量:每段测1~3点</td></tr>
<tr><td>箱拱</td><td>10</td><td></td></tr>
<tr><td>6</td><td colspan="2">拱箱接头倾斜/mm</td><td>±5</td><td></td><td>角尺:每接头</td></tr>
<tr><td rowspan="2">7</td><td rowspan="2">预埋件位置/mm</td><td>肋拱</td><td>5</td><td></td><td rowspan="2">尺量:每件</td></tr>
<tr><td>箱拱</td><td>10</td><td></td></tr>
<tr><td></td><td colspan="2"></td><td></td><td></td><td></td></tr>
<tr><td></td><td colspan="2"></td><td></td><td></td><td></td></tr>
<tr><td colspan="4">自检说明:

施工员:××× ×年×月×日</td><td colspan="2">监理评语:

监理员:××× ×年×月×日</td></tr>
</table>

施工负责人:××× 质量检查员:××× 监理工程师:×××

表 3-49　　墩、台安装现场质量检验报告单

承包单位：××路桥集团有限公司××高速公路 A3 标段项目经理部　　合同号：A3

监理单位：××交通监理有限公司××高速公路 A3 标段监理部　　编号：

工程名称	K11＋000 大桥	施工时间	×年×月×日
桩号及部位	K11＋000 大桥墩、台安装	检验时间	×年×月×日

项次	检查项目	规定值或允许偏差	检验结果	检验频率和方法
1	轴线偏位/mm	10		全站仪或经纬仪： 纵、横各测量 2 点
2	顶面高程/mm	±10		水准仪：检查 4～8 处
3	倾斜度/%	0.3%墩、台高， 且不大于 20		吊垂线：检查 4～8 处
4	相邻墩、台柱间距/mm	±15		尺量或全站仪：检查 3 处
5	节段间错台/mm	3		尺量：每节检查 2～4 处

自检说明：	监理评语：
施工员：×××　　×年×月×日	监理员：×××　　×年×月×日

施工负责人：×××　　质量检查员：×××　　监理工程师：×××

表 3-50　　悬臂浇筑现场质量检验报告单

承包单位：××路桥集团有限公司××高速公路 A3 标段项目经理部　　合同号：A3

监理单位：××交通监理有限公司××高速公路 A3 标段监理部　　编号：

工程名称	K11+000 大桥	施工时间	×年×月×日
桩号及部位	K11+000 大桥悬臂浇筑	检验时间	×年×月×日

<table>
<tr><th>项次</th><th colspan="2">检查项目</th><th>规定值或允许偏差</th><th>检验结果</th><th>检验频率和方法</th></tr>
<tr><td>1</td><td colspan="2">混凝土强度/MPa</td><td>在合格标准内</td><td></td><td></td></tr>
<tr><td rowspan="2">2</td><td rowspan="2">轴线偏位/mm</td><td>L≤100 m</td><td>10</td><td></td><td rowspan="2">全站仪或经纬仪：每个阶段检查 2 处</td></tr>
<tr><td>L>100 m</td><td>L/10 000</td><td></td></tr>
<tr><td rowspan="3">3</td><td rowspan="3">顶面高程/mm</td><td>L≤100 m</td><td>±20</td><td></td><td rowspan="2">水准仪：每个节段检查 2 处</td></tr>
<tr><td>L>100 m</td><td>±L/5 000</td><td></td></tr>
<tr><td>相邻节段高差</td><td>10</td><td></td><td>尺量：检查 3～5 处</td></tr>
<tr><td rowspan="4">4</td><td rowspan="4">断面尺寸/mm</td><td>高度</td><td>+5，−10</td><td></td><td rowspan="4">尺量：每个节段检查 1 个断面</td></tr>
<tr><td>顶宽</td><td>±30</td><td></td></tr>
<tr><td>底宽</td><td>±20</td><td></td></tr>
<tr><td>顶底腹板厚</td><td>+10，−0</td><td></td></tr>
<tr><td rowspan="2">5</td><td rowspan="2">合拢后同跨对称点高程差/mm</td><td>L≤100 m</td><td>20</td><td></td><td rowspan="2">水准仪：每跨检查 5～7 处</td></tr>
<tr><td>L>100 m</td><td>L/5 000</td><td></td></tr>
<tr><td>6</td><td colspan="2">横坡度/%</td><td>±0.15</td><td></td><td>水准仪：每个节段检查1～2处</td></tr>
<tr><td>7</td><td colspan="2">平整度/mm</td><td>8</td><td></td><td>2 m 直尺：检查竖直、水平两个方向，每侧面每 10 m 梁长测 1 处</td></tr>
<tr><td colspan="3">自检说明：

施工员：×××　　×年×月×日</td><td colspan="3">监理评语：

监理员：×××　　×年×月×日</td></tr>
</table>

施工负责人：×××　　质量检查员：×××　　监理工程师：×××

表 3-51 **斜拉桥的悬臂浇筑现场质量检验报告单**

承包单位：××路桥集团有限公司××高速公路 A3 标段项目经理部 合同号：A3

监理单位：××交通监理有限公司××高速公路 A3 标段监理部 编号：

工程名称	K11+000 大桥	施工时间	×年×月×日
桩号及部位	K11+000 斜拉桥悬臂浇筑	检验时间	×年×月×日

项次	检查项目			规定值或允许偏差	检验结果	检验频率和方法
1	混凝土强度/MPa			在合格标准内		
2	轴线偏位/mm	$L\leqslant100$ m		10		经纬仪：每段检查 2 点
		$L>100$ m		$L/10\ 000$		
3	断面尺寸/mm	高度		+5，−10		尺量：每段检查 2 个断面
		宽度		±30		
		底宽或肋间宽		±20		
		顶、底、腹板厚或肋宽		+10，−0		
4	索力/kN	允许值		满足设计和施工控制要求		测力仪：测每索拉力
		极值		符合设计规定：设计未规定时设计值相差 10%		
5	梁锚固点或梁顶高程/mm	梁段		满足施工控制要求		水准仪或全站仪：测量每个锚固点或每梁段终点
		合拢后	$L\leqslant100$ m	±20		
			$L>100$ m	$\pm L/5\ 000$		
6	横坡度/%			±0.15		水准仪：检查每段梁
7	锚具轴线与孔道轴线偏位/mm			5		尺量：全部
8	预埋件位置/mm			5		尺量：每件
9	平整度/mm			8		2 m 直尺：检查竖直、水平两个方向，每侧每 10 m 梁长测 1 处

自检说明：	监理评语：
施工员：××× ×年×月×日	监理员：××× ×年×月×日

施工负责人：××× 质量检查员：××× 监理工程师：×××

表 3-52 **桥面防水层现场质量检验报告单**

承包单位：××路桥集团有限公司××高速公路 A3 标段项目经理部 合同号：A3

监理单位：××交通监理有限公司××高速公路 A3 标段监理部 编号：

<table>
<tr><td colspan="2">工程名称</td><td>K11＋000 大桥</td><td>施工时间</td><td>×年×月×日</td></tr>
<tr><td colspan="2">桩号及部位</td><td>K11＋000
大桥桥面防水层</td><td>检验时间</td><td>×年×月×日</td></tr>
<tr><td>项次</td><td>检查项目</td><td>规定值或允许偏差</td><td>检验结果</td><td>检验频率和方法</td></tr>
<tr><td>1</td><td>防水涂膜厚度/mm</td><td>符合设计规定，
设计未规定时，±0.1</td><td></td><td>测厚仪：每 200 m² 测 4 点或按材料用量推算</td></tr>
<tr><td>2</td><td>黏结强度/MPa</td><td>不小于设计要求，
且≥0.3（常温），
≥0.2（气温≥35 ℃）</td><td></td><td>拉拔仪：每 200 m² 测 4 点</td></tr>
<tr><td>3</td><td>抗剪强度/MPa</td><td>不小于设计要求，
且≥0.4（常温），
≥0.3（气温≥35 ℃）</td><td></td><td>剪切仪：1 组 3 个</td></tr>
<tr><td>4</td><td>剥离强度/（N・mm^{-1}）</td><td>不小于设计要求，
且≥0.3（常温），
≥0.2（气温≥35 ℃）</td><td></td><td>90°剥离仪：1 组 3 个</td></tr>
<tr><td></td><td></td><td></td><td></td><td></td></tr>
<tr><td></td><td></td><td></td><td></td><td></td></tr>
<tr><td></td><td></td><td></td><td></td><td></td></tr>
<tr><td></td><td></td><td></td><td></td><td></td></tr>
<tr><td></td><td></td><td></td><td></td><td></td></tr>
<tr><td></td><td></td><td></td><td></td><td></td></tr>
<tr><td colspan="3">自检说明：

施工员：××× ×年×月×日</td><td colspan="2">监理评语：

监理员：××× ×年×月×日</td></tr>
</table>

施工负责人：××× 质量检查员：××× 监理工程师：×××

第四节 隧道工程施工资料

一、隧道工程概述

隧道工程由总体、明洞、洞口工程、洞身开挖、洞身衬砌、防排水、隧道路面、装饰、辅助施工措施等分部工程构成。

洞身开挖可根据具体情况分成若干段，比如每 10 m 为一段，每段作为一个分项工程。洞身衬砌包括锚喷支护(初支)和衬砌施工(二衬)等分项工程。

隧道工程施工准备阶段的施工技术资料同道路工程部分。

二、施工阶段的施工技术资料

1.施工记录

隧道开挖地质监测记录表见表 3-53，隧道监控测量记录表见表 3-54，隧道总体检验记录表见表 3-55。

表 3-53　　隧道开挖地质监测记录表

承包单位：××路桥集团有限公司××高速公路 A3 标段项目经理部　　合同号：A3

监理单位：××交通监理有限公司××高速公路 A3 标段监理部　　编号：

隧道名称、桩号		×××			
断面桩号、编号		ZK7+020	调查日期	×年×月×日	
断面尺寸/m^2		20	埋置深度/m	220	
检测断面围岩状况	岩层的岩性及状态				
	结构特征及完整状况				
	开挖后的稳定状况				
	地下水情况				
	不良地质及特殊地质				
设计围岩类别					
超前探测情况					
施工采用围岩类别					
工程措施					
自检说明： 施工员：×××　×年×月×日			监理评语： 监理员：×××　×年×月×日		

施工负责人：×××　　质量检查员：×××　　监理工程师：×××

表 3-54 **隧道监控测量记录表**

承包单位：××路桥集团有限公司××高速公路 A3 标段项目经理部 合同号：A3

监理单位：××交通监理有限公司××高速公路 A3 标段监理部 编号：

隧道名称、桩号	桃花源隧道左线 ZK7＋000～ZK7＋020				测点桩号		ZK7＋000			
开挖日期	×年×月×日				初读日期		×年×月×日			
测点号	1		2		纪要		3		4	
日期时间	测量值	计算值	测量值	计算值	测量值	计算值	测量值	计算值	测量值	计算值

自检说明：	监理评语：
施工员：××× ×年×月×日	监理员：××× ×年×月×日

施工负责人：××× 质量检查员：××× 监理工程师：×××

表 3-55 **隧道总体检验记录表**

承包单位：××路桥集团有限公司××高速公路 A3 标段项目经理部　　合同号：A3

监理单位：××交通监理有限公司××高速公路 A3 标段监理部　　编号：

隧道名称、桩号	桃花源隧道左线 ZK7＋020	检查断面桩号	ZK7＋020	围岩类型	V

内拱顶(*O* 点)标高检查	设计值/m	实测/m	偏差/mm
	202.200	202.195	－5

净空检查	点位	设计值/cm		实测/cm		偏差/mm
		h	*b*	*h*	*b*	
	1					
	2					
	3					
	4					
	5					
	6					
	7					
	8					

行车道宽度			隧道偏位/mm		路中心线与隧道中心线衔接/mm		边坡坡度			仰坡坡度		
设计值/cm	实测/cm	偏差/mm	允许偏差	实测偏差	允许偏差	实测偏差	设计值/cm	实测/cm	偏差/mm	设计值/cm	实测/cm	偏差/mm
1 250	1 251	10	20	18	20	16	1.5	1.52	0.2	1.5	1.52	0.2
1 250	1 250	0	20	16	20	16	1.5	1.52	0.2	1.5	1.52	0.2
外观质量												

自检说明：	监理评语：
施工员：×××　　×年×月×日	监理员：×××　　×年×月×日

施工负责人：×××　　质量检查员：×××　　监理工程师：×××

2.施工质量检验记录

隧道总体、洞身开挖、(钢纤维)喷射混凝土支护的现场质量检验报告单见表 3-56～表 3-59。

表 3-56 **隧道总体现场质量检验报告单**

承包单位：××路桥集团有限公司××高速公路 A3 标段项目经理部 合同号：A3

监理单位：××交通监理有限公司××高速公路 A3 标段监理部 编号：

工程名称		桃花源隧道左线	施工时间	×年×月×日
桩号及部位		ZK6＋000～ZK8＋000 隧道总体	检验时间	×年×月×日
项次	检查项目	规定值或允许偏差	检验结果	检验频率和方法
1	车行道/mm	±10		尺量：每 20 m(曲线)或 50 m(直线)检查 1 次
2	净空宽/mm	不小于设计值		尺量：每 20 m(曲线)或 50 m(直线)检查 1 次
3	隧道净高/mm	不小于设计值		水准仪：每 20 m(曲线)或 50 m(直线)测一个断面，每断面测拱顶和两拱腰 3 处
4	轴线偏差/mm	20		全站仪或其他测量仪器：每 20 m(曲线)或 50 m(直线)检查 1 处
5	路中心线与隧道中心线衔接/mm	20		分别将引道中心线和隧道中心线延长两侧洞口，比较其平面位置
6	边坡、仰坡	不大于设计值		坡度板：检查 10 处

自检说明：	监理评语：
施工员：××× ×年×月×日	监理员：××× ×年×月×日

施工负责人：××× 质量检查员：××× 监理工程师：×××

表 3-57 **洞身开挖现场质量检验报告单**

承包单位：××路桥集团有限公司××高速公路 A3 标段项目经理部 合同号：A3

监理单位：××交通监理有限公司××高速公路 A3 标段监理部 编号：

工程名称	桃花源隧道左线	施工时间	×年×月×日
桩号及部位	ZK7+000～ZK7+020 洞身开挖	检验时间	×年×月×日

项次	检查项目		规定值或允许偏差	检验结果	检验频率和方法
1	拱部开挖/mm	破碎岩土	平均值 100 最大值 150		水准仪或断面仪：每 20 m 一个断面
		中硬岩、软岩	平均值 150 最大值 250		
		硬岩	平均值 100 最大值 200		
2	边墙宽度/mm	每侧	+100，0		尺量：每 20 m 检查一处
		全宽	+200，0		
	仰坡、隧底超挖/mm		平均值 100 最大值 250		水准仪：每 20 m 测 3 处

自检说明：	监理评语：
施工员：××× ×年×月×日	监理员：××× ×年×月×日

施工负责人：××× 质量检查员：××× 监理工程师：×××

表 3-58 (钢纤维)喷射混凝土支护现场质量检验报告单

承包单位：××路桥集团有限公司××高速公路 A3 标段项目经理部 合同号：A3

监理单位：××交通监理有限公司××高速公路 A3 标段监理部 编号：

工程名称	桃花源隧道左线	施工时间	×年×月×日
桩号及部位	ZK7＋000～ZK7＋020 (钢纤维)喷射混凝土支护	检验时间	×年×月×日

项次	检查项目	规定值或允许偏差	检验结果	检验频率和方法
1	喷射混凝土强度/MPa	在合格标准内		
2	喷层厚度/mm	平均厚度≥设计厚度，检查点的 60%≥设计厚度，最小厚度≥0.6 设计厚度		凿孔法或雷达检测仪：每 10 m 检测一个断面，每个断面从拱顶中线起每 3 m 检查 1 点
3	喷层与围岩接触情况	无空洞，无杂物		凿孔法或雷达检测仪：每 10 m 检测一个断面，每个断面从拱顶中线起每 3 m 检查 1 点

自检说明：	监理评语：
施工员：××× ×年×月×日	监理员：××× ×年×月×日

施工负责人：××× 质量检查员：××× 监理工程师：×××

表 3-59 **锚杆支护现场质量检验报告单**

承包单位：××路桥集团有限公司××高速公路 A3 标段项目经理部　　合同号：A3

监理单位：××交通监理有限公司××高速公路 A3 标段监理部　　编号：

工程名称		桃花源隧道左线	施工时间	×年×月×日
桩号及部位		ZK7＋000～ZK7＋020 钢杆支护	检验时间	×年×月×日
项次	检查项目	规定值或允许偏差	检验结果	检验频率和方法
1	锚杆数量/根	不少于设计		按分项工程统计
2	抗拔力/kN	28 d 拔力平均值≥设计值，最小拔力≥0.9 设计值		按锚杆数 1%且不少于 3 根做拔力试验
3	孔位/mm	±150		尺量：检查锚杆数的 10%
4	孔深/mm	±50		尺量：检查锚杆数的 10%
5	孔径/mm	砂浆锚杆：大于杆体直径＋15；其他锚杆：符合设计要求		尺量：检查锚杆数的 10%

自检说明：	监理评语：
施工员：×××　　×年×月×日	监理员：×××　　×年×月×日

施工负责人：×××　　质量检查员：×××　　监理工程师：×××

第五节 交通工程施工资料

一、交通安全设施概述

交通安全设施施工工程包括标志、标线、突起路标、护栏轮廓标、防眩设施、隔离栏、防落网等分部工程。

交通标志由标志面、标志底板、支柱和基础、紧固件组成，视线诱导标由反射器、立柱、支架底板、连接件、突起路标等构件组成。构件一般由工厂加工，运至现场安装。波形梁护栏由波形梁、立柱和高强连接螺栓组成。隔离栅由编制金属网(或钢板网)、刺铁丝、立柱水泥基础墩组成。标志底板、面板、支柱等构件一般由工厂加工制作，现场安装。

二、交通安全设施施工技术资料

交通标志现场质量检验报告单见表3-60，路面标线现场质量检验报告单见表3-61。

表 3-60 **交通标志现场质量检验报告单**

承包单位：××路桥集团有限公司××高速公路 A3 标段项目经理部 合同号：A3

监理单位：××交通监理有限公司××高速公路 A3 标段监理部 编号：

工程名称	标志	施工时间	×年×月×日
桩号及部位	K11＋000～K12＋000 左侧交通标志	检验时间	×年×月×日

项次	检查项目	规定值或允许偏差	检验结果	检验频率和方法
1	柱式标志板、悬臂式和门架式标志立柱的内、外边缘距			尺量：每处测 1 点
	标志底板厚度/mm	满足设计要求		
3	标志面反光膜等级及逆反射系数	满足设计要求		逆反射系数测试仪：每块板每种颜色测 3 点
4	标志板下缘的路面净空高度/mm	＋100，0		全站仪或尺量：每块板测 2 点
5	立柱竖直度/mm	3		垂线法：每根柱测 2 点
6	基础顶面平整度/mm	4		尺量
7	标志基础尺寸/mm	＋100，－50		尺量

自检说明：	监理评语：
施工员：××× ×年×月×日	监理员：××× ×年×月×日

施工负责人：××× 质量检查员：××× 监理工程师：×××

表 3-61 **路面标线现场质量检验报告单**

承包单位：××路桥集团有限公司××高速公路 A3 标段项目经理部　　合同号：A3

监理单位：××交通监理有限公司××高速公路 A3 标段监理部　　编号：

工程名称	标志	施工时间	×年×月×日
桩号及部位	K11+000～K12+000	检验时间	×年×月×日

项次	检查项目		规定值或允许偏差	检验结果	检验频率和方法
1	标线线段长度/mm	6 000	±30		尺量：每 1 km 测 3 处，每处测 3 个线段
		4 000	±20		
		3 000	±15		
		1 000～2 000	±10		
2	标线宽度/mm		+5，0		尺量：每 1 km 测 3 处，每处测 3 点
3△	标线厚度干膜/mm	预成型标线带	不小于设计值		标线厚度测量仪或卡尺：每 1 km 测 3 处，每处测 6 点
		突起型 突起高度	不小于设计值		
		突起型 基线厚度	不小于设计值		
4	标线横向偏位/mm		≤30		尺量：每 1 km 测 3 处，每处测 3 点
5	标线纵向间距/mm	9 000	±45		尺量：每 1 km 测 3 处，每处测 3 点
		6 000	±30		
		4 000	±20		
		3 000	±15		

（续表）

6△	逆反射亮度系数 R_L/（$mcd \cdot m^{-2} \cdot lx^{-1}$）	非雨夜反光标线	Ⅰ级	白色	≥150		标线逆反射测试仪：每 1 km 测 3 处，每处测 9 点
				黄色	≥100		
			Ⅱ级	白色	≥250		
				黄色	≥125		
			Ⅲ级	白色	≥350		
				黄色	≥150		
			Ⅳ级	白色	≥450		
				黄色	≥175		
		雨夜反光标线	干燥	白色	≥350		标线逆反射测试仪：每 1 km 测 3 处，每处测 9 点
				黄色	≥200		
			潮湿	白色	≥175		
				黄色	≥100		
			连续降雨	白色	≥75		
				黄色	≥75		
		立面反光标记	干燥	白色	≥400		
				黄色	≥350		
			潮湿	白色	≥200		
				黄色	≥175		
			连续降雨	白色	≥100		
				黄色	≥100		
7①	抗滑值（BPN）	抗滑标线			≥45		摆式摩擦系数测试仪：每 1 km 测 3 处
		彩色抗滑标线			满足设计要求		

自检说明： 施工员：×××　　×年×月×日	监理评语： 监理员：×××　　×年×月×日

施工负责人：×××　　质量检查员：×××　　监理工程师：×××

注：①抗滑标线、彩色防滑标线测量抗滑值。

第四章 公路工程评定资料

本章摘要： 本章内容主要包括公路工程质量检验评定要求、公路分项工程质量检验评定、公路分部工程质量检验评定、公路单位工程质量检验评定四个部分，着重介绍了公路工程质量检验评定要求、评分标准、等级评定；路基、路面、桥梁、隧道各分项工程质量检验评定；路基、路面、桥梁、隧道、交通安全设施各分部工程质量检验评定；路基、路面、桥梁、隧道、交通安全设施各单位工程质量检验评定等内容。

学习目标： (1)掌握公路工程质量检验评定要求、评分标准及等级评定。

(2)掌握路基、路面、桥梁、隧道各分项工程质量检验评定表填写要求及填写内容。

(3)掌握路基、路面、桥梁、隧道、交通安全设施各分部工程质量检验评定表填写要求及填写内容。

(4)掌握路基、路面、桥梁、隧道、交通安全设施各单位工程质量检验评定表填写要求及填写内容。

第一节　质量检验评定的一般规定

公路工程质量检验评定应按照《公路工程质量检验评定标准 第一册 土建工程》(JTG F80/1—2017)的规定进行。

一、质量检验评定要求

(1)公路工程质量检验评定应按分项工程、分部工程、单位工程逐级进行，并应符合下列规定：

①在合同段中，具有独立施工条件和结构功能的工程为单位工程。

②在单位工程中，按路段长度、结构部位及施工特点等划分的工程为分部工程。

③在分部工程中，根据施工工序、工艺或材料等划分的工程为分项工程。

(2)单位工程、分部工程和分项工程应在施工准备阶段按《公路工程质量检验评定标准 第一册 土建工程》(JTG F80/1—2017)附录A进行划分。

(3)公路工程质量检验评定应符合下列规定:

①在分项工程完工后,应根据相关标准进行检验,对工程质量进行评定。隐蔽工程在隐蔽前应检查合格。

②在分部工程、单位工程完工后,应汇总评定所属分项工程、分部工程质量资料,检查外观质量,对工程质量进行评定。

二、工程质量检验

(1)分项工程应按基本要求、实测项目、外观质量和质量保证资料等检验项目分别进行检查。

(2)分项工程质量应在所使用的原材料、半成品、成品及施工控制要点等方面符合基本要求的规定,无外观质量限制缺陷且质量保证资料真实齐全时方可进行检验评定。

(3)基本要求检查应符合下列规定:

①分项工程应对所列基本要求逐项检查,经检查不符合规定时,不得进行工程质量检验评定。

②分项工程所用的各种原材料的品种、规格、质量及混合料配合比和半成品、成品应符合有关技术标准规定并满足设计要求。

(4)实测项目检验应符合下列规定:

①对检查项目按规定的检查方法和频率进行随机抽样检验并计算其合格率。

②相关标准规定的检查方法为标准方法,采用其他高效检测方法应经比对确认。

③相关标准中以路段长度规定的检查频率为双车道路段的最低检查频率,对多车道应按车道数与双车道之比相应增加检查数量。

④应按下式计算检查项目合格率:

$$\text{检查项目合格率}(\%)=\frac{\text{合格的点(组)数}}{\text{该检查项目的全部检查点(组)数}}\times 100$$

(5)检查项目合格判定应符合下列规定:

①关键项目的合格率应不低于95%(机电工程为100%),否则该检查项目为不合格。

②一般项目的合格率应不低于80%,否则该检查项目为不合格。

③对于有规定极值的检查项目,任一单个检测值不应突破其规定极值,否则该检查项目为不合格。

④采用标准(JTG F80/1－2017)附录B至附录S中所列方法进行质量检验评定的检查项目,不满足要求时该检查项目为不合格。

(6)外观质量应进行全面检查,并满足规定要求,否则该检验项目为不合格。

(7)工程应具有真实、准确、齐全、完整的施工原始记录、试验检测数据、质量检验结果等质量保证资料。质量保证资料应包括下列内容:

①所用原材料、半成品和成品质量检验结果。

②材料配合比、拌和加工控制检验和试验数据。

③地基处理、隐蔽工程施工记录和桥梁、隧道施工监控资料。

④质量控制指标的试验记录和质量检验汇总图表。

⑤施工过程中遇到的非正常情况记录及其对工程质量影响分析评价资料。

⑥施工过程中如发生质量事故，经处理补救后达到设计要求的认可证明文件等。

(8)对于被评为不合格的检验项目，应进行整修或返工处理直至合格为止。

三、工程质量检验评定

(1)工程质量等级分为合格与不合格。

(2)分项工程、分部工程、单位工程质量检验评定应符合《公路工程质量检验评定标准》(JTG F80/1—2017)附录K中的规定。

(3)分项工程质量检验评定合格应符合下列规定：

①检验记录应完整。

②实测项目应合格。

③外观质量应满足要求。

(4)分部工程质量检验评定合格应符合下列规定：

①评定资料应完整。

②所含分项工程及实测项目应合格。

③外观质量应满足要求。

(5)单位工程质量检验评定合格应符合下列规定：

①评定资料应完整。

②所含分部工程应合格。

③外观质量应满足要求。

(6)对于评定为不合格的分项工程、分部工程，经返工、加固、补强或调测，满足设计要求后，可重新进行质量检验评定。

(7)若所含单位工程合格，则该合同段评定为合格；若所含合同段合格，则该建设项目评定为合格。

第二节 公路分项工程、分部工程、单位工程质量检验评定

一、分项工程质量检验评定

1.土方路基分项工程质量检验评定

土方路基分项工程质量检验评定表见表4-1。

表 4-1　　　　土方路基分项工程质量检验评定表

分项工程名称：　　　　　　　　　　　　　　　　工程部位：(桩号、墩台号、孔号)

所属建设项目(合同段)：　　　　　　　　　　　　所属分部工程名称：

所属单位工程：　　　　　　施工单位：　　　　　分项工程编号：

<table>
<tr><td>基本要求</td><td colspan="16">1.在路基用地和取土坑范围内，应清除地表植被、杂物、积水、淤泥和表土，处理坑塘，并按规范和设计要求对基底进行压实。
2.填方路基应分层填筑压实，每层表面平整，路拱合适，排水良好，不得有明显碾压轨迹，不得亏坡。
3.应设置施工临时排水系统，避免冲刷边坡，路床顶面不得积水。
4.在设定取土区内合理取土，不得滥开滥挖。完工后应按要求对取土坑和弃土场进行修整。</td></tr>
<tr><td rowspan="10">实测项目</td><td rowspan="2">项次</td><td rowspan="2">检测项目</td><td rowspan="2">规定值或允许偏差</td><td colspan="10">实　测　值</td><td colspan="3">质量评定</td></tr>
<tr><td>1</td><td>2</td><td>3</td><td>4</td><td>5</td><td>6</td><td>7</td><td>8</td><td>9</td><td>10</td><td>代表值</td><td>合格率/%</td><td>合格判定</td></tr>
<tr><td>1△</td><td>压实度/%</td><td>≥96，极限值为90</td><td></td><td></td><td></td><td></td><td></td><td></td><td></td><td></td><td></td><td></td><td></td><td></td><td></td></tr>
<tr><td>2△</td><td>弯沉/0.01 mm</td><td>不小于设计值</td><td></td><td></td><td></td><td></td><td></td><td></td><td></td><td></td><td></td><td></td><td></td><td></td><td></td></tr>
<tr><td>3</td><td>纵断高程/mm</td><td>+10，−15</td><td></td><td></td><td></td><td></td><td></td><td></td><td></td><td></td><td></td><td></td><td></td><td></td><td></td></tr>
<tr><td>4</td><td>中线偏差/mm</td><td>50</td><td></td><td></td><td></td><td></td><td></td><td></td><td></td><td></td><td></td><td></td><td></td><td></td><td></td></tr>
<tr><td>5</td><td>宽度/mm</td><td>符合设计要求</td><td></td><td></td><td></td><td></td><td></td><td></td><td></td><td></td><td></td><td></td><td></td><td></td><td></td></tr>
<tr><td>6</td><td>平整度/mm</td><td>≤15</td><td></td><td></td><td></td><td></td><td></td><td></td><td></td><td></td><td></td><td></td><td></td><td></td><td></td></tr>
<tr><td>7</td><td>横坡度/%</td><td>±0.3</td><td></td><td></td><td></td><td></td><td></td><td></td><td></td><td></td><td></td><td></td><td></td><td></td><td></td></tr>
<tr><td>8</td><td>边坡</td><td>符合设计要求</td><td></td><td></td><td></td><td></td><td></td><td></td><td></td><td></td><td></td><td></td><td></td><td></td><td></td></tr>
<tr><td>外观质量</td><td colspan="6"></td><td colspan="7">质量保证资料</td><td colspan="3"></td></tr>
<tr><td>工程质量等级评定</td><td colspan="16"></td></tr>
</table>

检验负责人：×××　　　　检测：×××　　　　记录：×××　　　　复核：×××

×年×月×日

2.石方路基分项工程质量检验评定表

石方路基分项工程质量检验评定表见表 4-2。

表 4-2　　石方路基分项工程质量检验评定表

分项工程名称：　　　　　　　　　　工程部位：(桩号、墩台号、孔号)

所属建设项目(合同段)：　　　　　　所属分部工程名称：

所属单位工程：　　　施工单位：　　　分项工程编号：

基本要求	1.填石路基应分层填筑压实，每层表面平整，路拱合适，排水良好，上路床不得有碾压轨迹，不得亏坡。 2.在修筑填石路基时，应进行地表清理，填筑层厚度应符合规范规定并满足设计要求，填石空隙用法石渣、石屑嵌压稳定。 3.填石路基应通过试验确定沉降差控制标准。															
实测项目	项次	检测项目	规定值或允许偏差	实测值										质量评定		
				1	2	3	4	5	6	7	8	9	10	代表值	合格率/%	合格判定
实测项目	1△	压实度/%	孔隙率满足设计要求，沉降差≤试验路确定的沉降差													
实测项目	2△	弯沉/0.01 mm	≤设计验收弯沉													
实测项目	3	纵断高程/mm	+10，-15													
实测项目	4	中线偏差/mm	≤50													
实测项目	5	宽度/mm	满足设计要求													
实测项目	6	平整度/mm	≤20													
实测项目	7	横坡度/%	±0.3													
实测项目	8	边坡：坡度	满足设计要求													
实测项目	8	边坡：平顺度	满足设计要求													
外观质量								质量保证资料								
工程质量等级评定																

检验负责人：×××　　　检测：×××　　　记录：×××　　　复核：×××

×年×月×日

3.管道基础及管节安装分项工程质量检验评定

管道基础及管节安装分项工程质量检验评定表见表 4-3。

表 4-3　　管道基础及管节安装分项工程质量检验评定表

分项工程名称：　　　　　　　　　　　　　　　　工程部位：(桩号、墩台号、孔号)

所属建设项目(合同段)：　　　　　　　　　　　　所属分部工程名称：

所属单位工程：　　　　　　施工单位：　　　　　　分项工程编号：

<table>
<tr><td colspan="2">基本要求</td><td colspan="16">1.管材无裂缝、破损。
2.管节铺设时，混凝土强度达到 5 MPa 以上要求，管节铺设平顺、稳固，管底坡度无反坡现象。
3.管节接头处流水面高差小于 5 mm。
4.管内无泥土、砖石、砂浆等杂物。
5.管口内缝砂浆平整密实，无裂缝、重鼓现象。
6.抹带前，管口已洗刷干净，管口表面平整密实、无裂缝。</td></tr>
<tr><td rowspan="10">实测项目</td><td rowspan="2">项次</td><td colspan="2" rowspan="2">检测项目</td><td rowspan="2">规定值或允许偏差</td><td colspan="10">实　测　值</td><td colspan="3">质量评定</td></tr>
<tr><td>1</td><td>2</td><td>3</td><td>4</td><td>5</td><td>6</td><td>7</td><td>8</td><td>9</td><td>10</td><td>代表值</td><td>合格率/%</td><td>合格判定</td></tr>
<tr><td>1△</td><td colspan="2">混凝土抗压强度或砂浆强度/MPa</td><td>在标准范围内</td><td></td><td></td><td></td><td></td><td></td><td></td><td></td><td></td><td></td><td></td><td></td><td></td><td></td></tr>
<tr><td>2</td><td colspan="2">管轴线偏差/mm</td><td>15</td><td></td><td></td><td></td><td></td><td></td><td></td><td></td><td></td><td></td><td></td><td></td><td></td><td></td></tr>
<tr><td>3</td><td colspan="2">管内底高度/mm</td><td>+10</td><td></td><td></td><td></td><td></td><td></td><td></td><td></td><td></td><td></td><td></td><td></td><td></td><td></td></tr>
<tr><td>4</td><td colspan="2">基础厚度/mm</td><td>≥设计值</td><td></td><td></td><td></td><td></td><td></td><td></td><td></td><td></td><td></td><td></td><td></td><td></td><td></td></tr>
<tr><td rowspan="2">5</td><td rowspan="2">管座</td><td>肩宽/mm</td><td>+10，−5</td><td></td><td></td><td></td><td></td><td></td><td></td><td></td><td></td><td></td><td></td><td></td><td></td><td></td></tr>
<tr><td>肩高/mm</td><td>±10</td><td></td><td></td><td></td><td></td><td></td><td></td><td></td><td></td><td></td><td></td><td></td><td></td><td></td></tr>
<tr><td rowspan="2">6</td><td rowspan="2">抹带</td><td>宽度/mm</td><td>≥设计值</td><td></td><td></td><td></td><td></td><td></td><td></td><td></td><td></td><td></td><td></td><td></td><td></td><td></td></tr>
<tr><td>厚度/mm</td><td>≥设计值</td><td></td><td></td><td></td><td></td><td></td><td></td><td></td><td></td><td></td><td></td><td></td><td></td><td></td></tr>
<tr><td colspan="2">外观质量</td><td colspan="6"></td><td colspan="7">质量保证资料</td><td colspan="3"></td></tr>
<tr><td colspan="2">工程质量等级评定</td><td colspan="16"></td></tr>
</table>

检验负责人：×××　　　　检测：×××　　　　记录：×××　　　　复核：×××

×年×月×日

4. 20 cm 厚碎石垫层质量自检表

20 cm 厚碎石垫层质量自检表见表 4-4。

表 4-4　　**20 cm 厚碎石垫层质量自检表**　　**ZJ－065**

施工单位：　　合同段号：

监理单位：　　编　　号：

工程名称			路面工程		施工时间					年　月　日					
桩号及部位			K1＋318－K1＋409，K1＋520－K1＋574 碎石垫层		检测时间					年　月　日					
序号	检测项目		规定值	允许偏差	检　测　结　果										合格率
					1	2	3	4	5	6	7	8	9	10	
1△	固体体积率/%	代表值	/	/											
		极值	/	/											
2	弯沉/0.01 mm		/	/											
3	平整度/mm		/	≤15											
4	纵断高程/mm		/	/											
5	宽度/mm		满足设计要求	/											
6△	厚度/mm	代表值	/	－12											
		合格值	/	－30											
7	横坡度/%		/	/											
外观质量描述：					结论： 检测：　　记录：　　质检工程师： 年　月　日										

5.路缘石铺设质量自检

路缘石铺设质量自检表见表 4-5。

表 4-5　　**路缘石铺设质量自检表**　　**ZJ－069**

施工单位：　　合同段号：

监理单位：　　编　　号：

工程名称		路面工程						施工时间				年　月　日			
桩号及部位		K0＋011－K0＋286 路左，路缘石浇筑						检测时间				年　月　日			
序号	检测项目		规定值	允许偏差	检测结果										
					1	2	3	4	5	6	7	8	9	10	合格率
1	直顺度/mm		15	15											
2	预制铺设	相邻两块高差/mm	/	/											
		相邻两块缝宽/mm	/	/											
	现浇	宽度/mm	±5	±5											
3	顶面高程/mm		/	/											

外观质量描述：	结论： 检测：　　记录：　　监理工程师： 年　月　日

6.稳定粒料基层质量自检表

稳定粒料基层质量自检表见表 4-6。

表 4-6 **稳定粒料基层质量自检表** **ZJ－062**

施工单位： 合同段号：

监理单位： 编　　号：

工程名称	路面工程	施工时间	年　月　日
桩号及部位	K0＋240－K0＋390，K0＋506－K1＋240，K1＋318－K1＋409，K1＋520－K1＋574，K1＋679－K1＋809，水泥稳定碎石基层	检测时间	年　月　日

序号	检测项目		规定值	允许偏差	检测结果										合格率
					1	2	3	4	5	6	7	8	9	10	
1△	压实度/%	代表值	/	≥97											
		极值	/	≥93											
2	平整度/mm		/	≤12											
3	纵断高程/mm		/	/											
4	宽度/mm		满足设计要求	/											
5△	厚度/mm	代表值	/	－10											
		合格值	/	－20											
6	横坡度/%		/	/											
7△	强度/MPa		满足设计要求	/											

外观质量描述：	结论： 检测：　　记录：　　质检工程师： 年　月　日

7.透层粒料基层质量自检表

透层粒料基层质量自检表见表 4-7。

表 4-7 **透层粒料基层质量自检表** **ZJ－068**

施工单位： 合同段号：

监理单位： 编　　号：

工程名称	路面工程			施工时间										年　月　日
桩号及部位	K1＋679－K1＋809，路面透层			检测时间										年　月　日
序号	检测项目	规定值	允许偏差	检　测　结　果										
				1	2	3	4	5	6	7	8	9	10	合格率
1	渗入深度/mm	≥5	≥5											
2	撒布量/（kg·m^{-2}）	0.35	0.35											
外观质量描述：				结论： 检测：　记录：　质检工程师： 年　月　日										

8.管节预制分项工程质量检验评定

管节预制分项工程质量检验评定表见表4-8。

表4-4　管节预制分项工程质量检验评定表

分项工程名称：　　工程部位：(桩号、墩台号、孔号)

所属建设项目(合同段)：　　所属分部工程名称：

所属单位工程：　　施工单位：　　分项工程编号：

基本要求	1.混凝土应满足耐久性(抗冻、抗渗、抗侵蚀)等设计要求。 2.不得出现漏筋和空洞现象。															
实测项目	项次	检测项目	规定值或允许偏差	实测值										质量评定		
				1	2	3	4	5	6	7	8	9	10	代表值	合格率/%	合格判定
	1△	混凝土强度/MPa	在标准范围内													
	2	内径/mm	≥设计值													
	3	壁厚/mm	－3													
	4	顺直度/mm	矢度不大于0.2%管节长													
	5	长度/mm	＋5，－0													
	6															
	7															
	8															
外观质量					质量保证资料											
工程质量等级评定																

检验负责人：×××　　检测：×××　　记录：×××　　复核：×××

×年×月×日

9.浆砌排水沟分项工程质量检验评定

浆砌排水沟分项工程质量检验评定表见表 4-9。

表 4-9　　浆砌排水沟分项工程质量检验评定表

分项工程名称：　　　　　　　　　　工程部位：(桩号、墩台号、孔号)

所属建设项目(合同段)：　　　　　　所属分部工程名称：

所属单位工程：　　　　施工单位：　　　　分项工程编号：

基本要求	1.浆砌片石质量和规格应符合国家和行业强制性标准并满足合同约定的其他标准的规定。 2.砌体砂浆配比准确,砌缝内砂浆均匀饱满,勾缝密实。 3.基础中缩缝与墙身缩缝对齐。															
实测项目	项次	检测项目	规定值或允许偏差	实测值										质量评定		
				1	2	3	4	5	6	7	8	9	10	代表值	合格率/%	合格判定
	1△	砂浆强度/MPa	在标准范围内													
	2	轴线偏位/mm	50													
	3	沟底高程/mm	+15													
	4	墙面直顺度/mm	30													
	5	坡度	满足设计要求													
	6	断面尺寸/mm	±30													
	7	铺砌厚度/mm	≥设计值													
	8	基础垫层宽、厚度/mm	≥设计值													
外观质量								质量保证资料								
工程质量等级评定																

检验负责人：×××　　检测：×××　　记录：×××　　复核：×××

×年×月×日

10. 涵洞总体分项工程质量检验评定

涵洞总体分项工程质量检验评定表见表 4-10。

表 4-10　　涵洞总体分项工程质量检验评定表

分项工程名称：　　　　工程部位：(桩号、墩台号、孔号)

所属建设项目(合同段)：　　　　所属分部工程名称：

所属单位工程：　　　　施工单位：　　　　分项工程编号：

基本要求	1.应按设计文件的要求完成全部施工项目。 2.各结构构件应无异常变形。 3.各接沉降缝位置应正确，填缝应无空鼓、开裂、漏水现象。对预制构件，其接缝应与沉降缝在同一平面内。																
实测项目	项次	检测项目		规定值或允许偏差	实测值										质量评定		
					1	2	3	4	5	6	7	8	9	10	代表值	合格率/%	合格判定
	1	轴线偏位/mm		明涵≤20 暗涵≤50													
	2	流水面高程/mm		±20													
	3	涵底铺砌度/mm		+40，−10													
	4	长度/mm		+100，−50													
	5	跨径或内径	波形钢管涵	±2%D													
			其他	≥设计值−20													
	6	净高/mm	明涵	≥设计值−20													
			暗涵	≥设计值−50													
外观质量								质量保证资料									
工程质量等级评定																	

检验负责人：×××　　检测：×××　　记录：×××　　复核：×××

×年×月×日

注：1.D 为管涵直径，计算规定值或允许偏差时以 mm 计。

2.实际工程未涉及的项目不检查。

11.涵洞、涵台分项工程质量检验评定

涵洞、涵台分项工程质量检验评定表见表 4-11。

表 4-11 **涵洞、涵台分项工程质量检验评定表**

分项工程名称： 工程部位：(桩号、墩台号、孔号)

所属建设项目(合同段)： 所属分部工程名称：

所属单位工程： 施工单位： 分项工程编号：

基本要求	1.地基承载力及基础埋置深度须满足设计要求。 2.沉降缝应竖直、贯通、填缝密实、饱满。 3.砌块应错缝、坐浆挤紧，砌块间嵌缝料和砂浆饱满。 4.勾缝砂浆强度不得小于砌缝砂浆强度。																
实测项目	项次	检测项目		规定值或允许偏差	实测值										质量评定		
					1	2	3	4	5	6	7	8	9	10	代表值	合格率/%	合格判定
	1△	混凝土或砂浆强度/MPa		在标准范围内													
	2	断面尺寸/mm	片石砌体	±20													
			混凝土	±15													
	3	竖直度/mm		≤0.3%H													
	4	顶面高程/mm		±10													
外观质量								质量保证资料									
工程质量等级评定																	

检验负责人：××× 检测：××× 记录：××× 复核：×××

×年×月×日

注：H 为台高，计算规定值或允许偏差时以 mm 计。

12.砌体挡土墙分项工程质量检验评定

砌体挡土墙分项工程质量检验评定表见表4-12。

表 4-12　　砌体挡土墙分项工程质量检验评定表

分项工程名称：　　　　　　　　　　　　工程部位：(桩号、墩台号、孔号)

所属建设项目(合同段)：　　　　　　　　所属分部工程名称：

所属单位工程：　　　　施工单位：　　　　分项工程编号：

基本要求	1.勾缝砂浆强度不得小于砌筑砂浆强度。 2.地基承载力基础埋置深度应满足设计要求。 3.砌筑应分层错缝。砌浆时坐浆挤紧，嵌填饱满密实，不得有空洞，干砌时不得松动、叠浮和浮塞。 4.混凝土应分层浇筑，施缝及片石埋放应符合施工技术规范的规定。 5.沉降缝、伸缩缝、泄水孔的位置、尺寸和数量应符合设计要求。沉降缝及伸缩缝应竖直、贯通，采用弹性材料填充密实，填充深度应满足设计要求。															
实测项目	项次	检测项目		规定值或允许偏差	实测值										质量评定		
					1	2	3	4	5	6	7	8	9	10	代表值	合格率/%	合格判定
	1	砂浆强度/MPa		在标准范围内													
	2	平面位置/mm		+50													
	3	墙面坡度/%		≤0.5													
	4△	断面尺寸/mm		≥设计值													
	6	表面平整度/mm	块石	≤20													
			片石	≤30													
			混凝土土块、料石	≤10													
外观质量								质量保证资料									
工程质量等级评定																	

检验负责人：×××　　　　检测：×××　　　　记录：×××　　　　复核：×××

×年×月×日

13.水泥混凝土面层分项工程质量检验评定

水泥混凝土面层分项工程质量检验评定表见表 4-13。

表 4-13　　水泥混凝土面层分项工程质量检验评定表

分项工程名称：　　　　　　　　　　　　　　　　　　　工程部位：(桩号、墩台号、孔号)

所属建设项目(合同段)：　　　　　　　　　　　　　　　所属分部工程名称：

所属单位工程：　　　　　　　　施工单位：　　　　　　分项工程编号：

基本要求	1.基层质量应符合规范规定并满足设计要求，表面清洁、无浮土。 2.按缝填缝料应符合规范规定并满足设计要求。 3.接缝的位置、规格、尺寸，以及传力杆、拉力杆的位置应满足设计要求。 4.混凝土路面铺装后按规范要求养护。 5.应对干缩、温缩产生的裂缝进行处理。

	项次	检测项目		规定值或允许偏差		实测值										质量评定		
				高速公路一般公路	其他公路	1	2	3	4	5	6	7	8	9	10	代表值	合格率/%	合格判定
实测项目	1△	弯拉强度/MPa		在标准范围内														
	2△	板厚度/mm	代表值	−5														
			合格值	−10														
			极值	−15														
	3	平整度①	σ/mm	≤1.32	≤2.0													
			IRI②/(m·km⁻¹)	≤2.2	≤3.3													
			最大间隙 h/mm	3	5													
	4	抗滑构造深度/mm	一般路段	0.7～1.1	0.5～1.0													
			特殊路段	0.8～1.2	0.6～1.1													
	5	横向力系数SFC	一般路段	≥50	—													
			特殊公路	≥55	≥50													
	6	相邻板高差/mm		≤2	≤3													
	7	纵、横缝顺直度/mm		≤10														
	8	中线平面偏位/mm		20														
	9	路面宽度/mm		±20														
	10	纵断高度/mm		±10	±15													
	11	横坡度/%		±0.15	±0.25													
	12	断板率③/%		≤0.2	≤0.4													

外观质量		质量保证资料	
工程质量等级评定			

检验负责人：×××　　　　检测：×××　　　　记录：×××　　　　复核：×××

×年×月×日

注：①表中 σ 为平整度仪测定的标准差。

②IRI 为国际平整度指数。

③h 为 3 m 直尺与面层的最大间隙。

14.封层质量自检表

封层质量自检表见表 4-14。

表 4-14 **封层质量自检表** **ZJ－068**

施工单位： 合同段号：

监理单位： 编　　号：

工程名称	路面工程			施工时间	年　月　日									
桩号及部位	K0＋011－K1＋679 封层			检测时间	年　月　日									
序号	检测项目	规定值	允许偏差	检　测　结　果										
				1	2	3	4	5	6	7	8	9	10	合格率
1	渗入深度/mm	—	2～3											
2	撒布量/($kg \cdot m^{-2}$)	1.0	—											
外观质量描述：				结论： 检测：　　记录：　　质检工程师：										

年　月　日

15.沥青混凝土面层和沥青碎(砾)石面层分项工程质量检验评定

沥青混凝土面层和沥青碎(砾)石面层分项工程质量检验评定表见表4-15。

表4-15 沥青混凝土面层和沥青碎(砾)石面层分项工程质量检验评定表

分项工程名称： 工程部位：(桩号、墩台号、孔号)

所属建设项目(合同段)： 所属分部工程名称：

所属单位工程： 施工单位： 分项工程编号：

基本要求	
基本要求	1.基层质量应符合规范规定并满足设计要求，表面应干燥、清洁、无浮土。 2.应严格控制沥青混合料拌和的加热温度。拌和后的沥青混合料应均匀、无花白、无粗细料分离和结团成块现象。 3.应按规定要求控制碾压工艺，严格控制摊铺和碾压温度。

	项次	检测项目		规定值或允许偏差：高速公路一般公路	规定值或允许偏差：其他公路	实测值 1	2	3	4	5	6	7	8	9	10	质量评定：代表值	合格率/%	合格判定
实测项目	1△	压实度①/%		≥实验室标准密度的96%(*98%) ≥最大理论密度的92%(*94%) ≥试验段密度的98%(*99%)														
	2△	平整度	σ/mm	≤1.2	≤2.5													
			IRI/(m/km)	≤2.0	≤4.2													
			最大间隙h/mm	—	≤5													
	3	弯沉/0.01 mm		≤设计验收弯沉														
	4	渗水系数(mL·min⁻¹)	SMA路面	≤120	—													
			其他沥青路面	≤200	—													
	5	摩擦系数		满足设计要求														
	6	构造深度		满足设计要求														
	7	厚度②/mm	代表值	总厚度：-5%H 上面层：-10%h	-8%H													
			合格值	总厚度：-10%H 上面层：-20%h	-15%H													
	8	中线平面偏位/mm		20	30													
	9	纵断高程/mm		±15	±20													
	10	宽度/mm	有侧石	±20	±30													
			无侧石	≥设计值														
	11	横坡度/%		±0.3	±0.5													
	12△	矿料级配		满足生产配合比要求														
	13△	沥青含量		满足生产配合比要求														
	14	马歇尔稳定度		满足生产配合比要求														

外观质量		质量保证资料	
工程质量等级评定			

检验负责人：××× 检测：××× 记录：××× 复核：×××

×年×月×日

注：① * 表示SMA路面。

② H 为沥青层总厚度，h 为沥青上面层厚度。

16.桥梁总体分项工程质量检验评定

桥梁总体分项工程质量检验评定表见表4-16。

表4-16　　桥梁总体分项工程质量检验评定表

分项工程名称：　　　　　　　　　　　　　　工程部位：(桩号、墩台号、孔号)

所属建设项目(合同段)：　　　　　　　　　　所属分部工程名称：

所属单位工程：　　　　　　施工单位：　　　　　　分项工程编号：

基本要求	1.桥梁工程应按设计文件内容全部完成。 2.桥下净空不小于设计要求。 3.特大跨径的桥梁、结构复杂的桥梁和承载能力需要验证的桥梁，应进行荷载试验，试验结果应满足设计要求和符合相关规范的规定。

	项次	检测项目		规定值或允许偏差	实测值										质量评定		
					1	2	3	4	5	6	7	8	9	10	代表值	合格率/%	合格判定
实测项目	1	桥面中线偏位/mm		≤20													
	2	桥面宽/mm	车行道	±10													
			人行道	±10													
	3	桥长/mm		+300，−100													
	4	引道中线与桥梁中线的衔接/mm		20													
		桥头高程/mm	$L<50$ m	±30													
			$L\geqslant50$ m	±(L/5 000±20)													

外观质量		质量保证资料	
工程质量等级评定			

检验负责人：×××　　　检测：×××　　　记录：×××　　　复核：×××

×年×月×日

注：L为桥梁跨径，计算规定值或允许偏差时以mm计。

17.钻孔灌注桩分项工程质量检验评定

钻孔灌注桩分项工程质量检验评定表见表 4-17。

表 4-17　　钻孔灌注桩分项工程质量检验评定表

分项工程名称：　　　　　　　　　　　　　　工程部位：(桩号、墩台号、孔号)

所属建设项目(合同段)：　　　　　　　　　　所属分部工程名称：

所属单位工程：　　　　　施工单位：　　　　　分项工程编号：

<table>
<tr><td>基本要求</td><td colspan="18">1.成孔后须清孔，并测量孔径、孔深、孔位和沉淀层厚度，确认满足设计要求并符合施工技术规范规定后，方可灌注水下混凝土。
2. 水下混凝土应连续灌注，灌注时钢筋笼不应上浮。
3.嵌入承台的锚固钢筋长度不得低于设计要求锚固长度。</td></tr>
<tr><td rowspan="11">实测项目</td><td rowspan="2">项次</td><td colspan="3" rowspan="2">检测项目</td><td rowspan="2">规定值或允许偏差</td><td colspan="10">实　测　值</td><td colspan="3">质量评定</td></tr>
<tr><td>1</td><td>2</td><td>3</td><td>4</td><td>5</td><td>6</td><td>7</td><td>8</td><td>9</td><td>10</td><td>代表值</td><td>合格率/%</td><td>合格判定</td></tr>
<tr><td>1△</td><td colspan="3">混凝土强度/MPa</td><td>在标准范围内</td><td></td><td></td><td></td><td></td><td></td><td></td><td></td><td></td><td></td><td></td><td></td><td></td><td></td></tr>
<tr><td rowspan="3">2</td><td rowspan="3">桩位/mm</td><td colspan="2">群桩</td><td>≤100</td><td rowspan="3"></td><td rowspan="3"></td><td rowspan="3"></td><td rowspan="3"></td><td rowspan="3"></td><td rowspan="3"></td><td rowspan="3"></td><td rowspan="3"></td><td rowspan="3"></td><td rowspan="3"></td><td rowspan="3"></td><td rowspan="3"></td><td rowspan="3"></td></tr>
<tr><td rowspan="2">排架桩</td><td>允许值</td><td>≤50</td></tr>
<tr><td>极值</td><td>≤100</td></tr>
<tr><td>3△</td><td colspan="3">孔深/m</td><td>≥设计值</td><td></td><td></td><td></td><td></td><td></td><td></td><td></td><td></td><td></td><td></td><td></td><td></td><td></td></tr>
<tr><td>4</td><td colspan="3">孔径/mm</td><td>≥设计值</td><td></td><td></td><td></td><td></td><td></td><td></td><td></td><td></td><td></td><td></td><td></td><td></td><td></td></tr>
<tr><td>5</td><td colspan="3">钻孔倾斜度/mm</td><td>≤1%S，且≤500</td><td></td><td></td><td></td><td></td><td></td><td></td><td></td><td></td><td></td><td></td><td></td><td></td><td></td></tr>
<tr><td>6</td><td colspan="3">沉淀厚度/mm</td><td>满足设计规定</td><td></td><td></td><td></td><td></td><td></td><td></td><td></td><td></td><td></td><td></td><td></td><td></td><td></td></tr>
<tr><td>7</td><td colspan="3">桩身完整性</td><td>满足设计要求；设计未要求时，每桩不低于Ⅱ类</td><td></td><td></td><td></td><td></td><td></td><td></td><td></td><td></td><td></td><td></td><td></td><td></td><td></td></tr>
<tr><td>外观质量</td><td colspan="8"></td><td colspan="7">质量保证资料</td><td colspan="3"></td></tr>
<tr><td>工程质量等级评定</td><td colspan="18"></td></tr>
</table>

检验负责人：×××　　　检测：×××　　　记录：×××　　　复核：×××

×年×月×日

注：S 为桩长，计算规定值或允许偏差时以 mm 计。

18.墩、台身混凝土分项工程质量检验评定

墩、台身混凝土分项工程质量检验评定表见表4-18。

表4-18　　墩、台身混凝土分项工程质量检验评定表

分项工程名称：　　　　工程部位：(桩号、墩台号、孔号)

所属建设项目(合同段)：　　　　所属分部工程名称：

所属单位工程：　　　　施工单位：　　　　分项工程编号：

<table>
<tr><td colspan="2">基本要求</td><td colspan="16">1.模板及支架的强度、刚度、稳定性应符合施工技术规范的规定。
2.施工缝设置及处理应符合施工技术规范规定。</td></tr>
<tr><td rowspan="13">实测项目</td><td rowspan="2">项次</td><td colspan="2" rowspan="2">检测项目</td><td rowspan="2">规定值或允许偏差</td><td colspan="10">实　测　值</td><td colspan="3">质量评定</td></tr>
<tr><td>1</td><td>2</td><td>3</td><td>4</td><td>5</td><td>6</td><td>7</td><td>8</td><td>9</td><td>10</td><td>代表值</td><td>合格率/%</td><td>合格判定</td></tr>
<tr><td>1△</td><td colspan="2">混凝土强度/MPa</td><td>在标准范围内</td><td></td><td></td><td></td><td></td><td></td><td></td><td></td><td></td><td></td><td></td><td></td><td></td><td></td></tr>
<tr><td>2</td><td colspan="2">断面尺寸/mm</td><td>±20</td><td></td><td></td><td></td><td></td><td></td><td></td><td></td><td></td><td></td><td></td><td></td><td></td><td></td></tr>
<tr><td rowspan="3">3</td><td rowspan="3">全高竖直度/mm</td><td>H≤5 m</td><td>≤5</td><td rowspan="3"></td><td rowspan="3"></td><td rowspan="3"></td><td rowspan="3"></td><td rowspan="3"></td><td rowspan="3"></td><td rowspan="3"></td><td rowspan="3"></td><td rowspan="3"></td><td rowspan="3"></td><td rowspan="3"></td><td rowspan="3"></td><td rowspan="3"></td></tr>
<tr><td>5 m<H<60 m</td><td>≤H/1 000，且≤20</td></tr>
<tr><td>H>60 m</td><td>≤H/3 000，且≤30</td></tr>
<tr><td>4</td><td colspan="2">顶面高程/mm</td><td>±10</td><td></td><td></td><td></td><td></td><td></td><td></td><td></td><td></td><td></td><td></td><td></td><td></td><td></td></tr>
<tr><td rowspan="2">5</td><td rowspan="2">轴线偏位/mm</td><td>H≤60 m</td><td>≤10，且相对前一节段≤8</td><td rowspan="2"></td><td rowspan="2"></td><td rowspan="2"></td><td rowspan="2"></td><td rowspan="2"></td><td rowspan="2"></td><td rowspan="2"></td><td rowspan="2"></td><td rowspan="2"></td><td rowspan="2"></td><td rowspan="2"></td><td rowspan="2"></td><td rowspan="2"></td></tr>
<tr><td>H>60 m</td><td>≤15，且相对前一节段≤8</td></tr>
<tr><td>6</td><td colspan="2">节段间错台/mm</td><td>≤5</td><td></td><td></td><td></td><td></td><td></td><td></td><td></td><td></td><td></td><td></td><td></td><td></td><td></td></tr>
<tr><td>7</td><td colspan="2">平整度/mm</td><td>≤8</td><td></td><td></td><td></td><td></td><td></td><td></td><td></td><td></td><td></td><td></td><td></td><td></td><td></td></tr>
<tr><td>8</td><td colspan="2">预埋件位置/mm</td><td>满足设计要求，设计未要求时≤5</td><td></td><td></td><td></td><td></td><td></td><td></td><td></td><td></td><td></td><td></td><td></td><td></td><td></td></tr>
<tr><td colspan="2">外观质量</td><td colspan="7"></td><td colspan="6">质量保证资料</td><td colspan="3"></td></tr>
<tr><td colspan="2">工程质量等级评定</td><td colspan="16"></td></tr>
</table>

检验负责人：×××　　检测：×××　　记录：×××　　复核：×××

×年×月×日

注：1.H为墩、台身高度，计算规定值或允许偏差时以mm计。

2.实际工程中未涉及的项目不检查。

19.梁板安装分项工程质量检验评定

梁板安装分项工程质量检验评定表见表 4-19。

表 4-19 梁板安装分项工程质量检验评定表

分项工程名称： 工程部位：(桩号、墩台号、孔号)

所属建设项目(合同段)： 所属分部工程名称：

所属单位工程： 施工单位： 分项工程编号：

<table>
<tr><td colspan="2">基本要求</td><td colspan="16">1.吊移预制底座时混凝土的强度满足设计所要求的吊装强度。
2.安装时支撑结构的强度符合设计要求。</td></tr>
<tr><td rowspan="9">实测项目</td><td rowspan="2">项次</td><td rowspan="2">检测项目</td><td rowspan="2" colspan="2">规定值或允许偏差</td><td colspan="10">实 测 值</td><td colspan="3">质量评定</td></tr>
<tr><td>1</td><td>2</td><td>3</td><td>4</td><td>5</td><td>6</td><td>7</td><td>8</td><td>9</td><td>10</td><td>代表值</td><td>合格率/%</td><td>合格判定</td></tr>
<tr><td rowspan="2">1</td><td rowspan="2">支座中心偏位/mm</td><td>梁</td><td>≤5</td><td rowspan="2"></td><td rowspan="2"></td><td rowspan="2"></td><td rowspan="2"></td><td rowspan="2"></td><td rowspan="2"></td><td rowspan="2"></td><td rowspan="2"></td><td rowspan="2"></td><td rowspan="2"></td><td rowspan="2"></td><td rowspan="2"></td><td rowspan="2"></td></tr>
<tr><td>板</td><td>≤10</td></tr>
<tr><td>2</td><td>梁板顶面高程/mm</td><td colspan="2">±10</td><td></td><td></td><td></td><td></td><td></td><td></td><td></td><td></td><td></td><td></td><td></td><td></td><td></td></tr>
<tr><td rowspan="2">3</td><td rowspan="2">相邻梁、板顶面高差/mm</td><td>$L\leqslant 40$ m</td><td>≤10</td><td rowspan="2"></td><td rowspan="2"></td><td rowspan="2"></td><td rowspan="2"></td><td rowspan="2"></td><td rowspan="2"></td><td rowspan="2"></td><td rowspan="2"></td><td rowspan="2"></td><td rowspan="2"></td><td rowspan="2"></td><td rowspan="2"></td><td rowspan="2"></td></tr>
<tr><td>$L>40$ m</td><td>≤15</td></tr>
<tr><td></td><td></td><td colspan="2"></td><td></td><td></td><td></td><td></td><td></td><td></td><td></td><td></td><td></td><td></td><td></td><td></td><td></td></tr>
<tr><td></td><td></td><td colspan="2"></td><td></td><td></td><td></td><td></td><td></td><td></td><td></td><td></td><td></td><td></td><td></td><td></td><td></td></tr>
<tr><td></td><td></td><td></td><td colspan="2"></td><td></td><td></td><td></td><td></td><td></td><td></td><td></td><td></td><td></td><td></td><td></td><td></td><td></td></tr>
<tr><td colspan="2">外观质量</td><td colspan="7"></td><td colspan="5">质量保证资料</td><td colspan="4"></td></tr>
<tr><td colspan="2">工程质量等级评定</td><td colspan="16"></td></tr>
</table>

检验负责人：××× 检测：××× 记录：××× 复核：×××

×年×月×日

二、公路分部工程质量检验评定

1.路基分部工程质量检验评定

(1)路基土石方工程质量检验评定表见表4-20。

表4-20　　路基土石方工程质量检验评定表

分部工程名称：　　工程部分：(桩号、墩台号、孔号)

所属单位工程：

所属建设项目(合同段)：

施工单位：　　分部工程编号：

分项工程			备　注
分项工程编号	分项工程名称	质量等级	
	土方路基		
	软土路基		
外观质量			
评定资料			
质量等级			
评定意见			

检验负责人：　　记录：　　复核：　　×年×月×日

(2)涵洞工程质量检验评定表见表4-21。

表4-21　　涵洞分部工程质量检验评定表

分部工程名称：　　工程部分：(桩号、墩台号、孔号)

所属单位工程：

所属建设项目(合同段)：

施工单位：　　分部工程编号：

分项工程			备　注
分项工程编号	分项工程名称	质量等级	
	涵台		
	管节预制		
	钢筋安装		
	管座及涵管安装		
	涵背回填		
	涵洞总体		
	锥坡		
外观质量			
评定资料			
质量等级			
评定意见			

检验负责人：　　记录：　　复核：　　×年×月×日

(3)小桥分部工程质量检验评定表见表 4-22。

表 4-22　　小桥分部工程质量检验评定表

分部工程名称：　　　　工程部分：(桩号、墩台号、孔号)

所属单位工程：

所属建设项目(合同段)：

施工单位：　　　　分部工程编号：

分项工程			备　注
分项工程编号	分项工程名称	质量等级	
	基础及下部构造		
	上部构造预制和安装		
	总体、桥面系和附属工程		
外观质量			
评定资料			
质量等级			
评定意见			

检验负责人：　　记录：　　复核：　　×年×月×日

(4)子部分工程质量检验评定表见表 4-23～表 4-25。

表 4-23　　基础及下部构造子分部工程质量检验评定表

分部工程名称：　　　　工程部分：(桩号、墩台号、孔号)

所属单位工程：

所属建设项目(合同段)：

施工单位：　　　　分部工程编号：

分项工程			备　注
分项工程编号	分项工程名称	质量等级	
	扩大基础		
	基础钢筋安装		
	台身浇筑		
	台身钢筋安装		
	台帽浇筑		
	台帽钢筋安装		
	锥坡		
	台背回填		
外观质量			
评定资料			
质量等级			
评定意见			

检验负责人：　　记录：　　复核：　　×年×月×日

表 4-24　　上部构造预制和安装子分部工程质量检验评定表

分部工程名称：　　　　　　　　　　　　工程部分：(桩号、墩台号、孔号)

所属单位工程：

所属建设项目(合同段)：

施工单位：　　　　　　　　　　　　　　分部工程编号：

分项工程			备　注
分项工程编号	分项工程名称	质量等级	
	预制空心版		
	空心板钢筋安装		
	梁板安装		
外观质量			
评定资料			
质量等级			
评定意见			

检验负责人：　　　　记录：　　　　复核：　　　　×年×月×日

表 4-25　　总体、桥面系和附属工程子分部工程质量检验评定表

分部工程名称：　　　　　　　　　　　　工程部分：(桩号、墩台号、孔号)

所属单位工程：

所属建设项目(合同段)：

施工单位：　　　　　　　　　　　　　　分部工程编号：

分项工程			备　注
分项工程编号	分项工程名称	质量等级	
	桥梁总体		
	桥面铺装		
	桥面铺装钢筋安装		
	混凝土防撞护栏		
	混凝土防撞护栏钢筋安装		
	桥头搭板		
	桥头搭板钢筋安装		
外观质量			
评定资料			
质量等级			
评定意见			

检验负责人：　　　　记录：　　　　复核：　　　　×年×月×日

2.路面分部工程质量检验评定

路面分部工程质量检验评定表见表4-26。

表4-26 路面分部工程质量检验评定表

分部工程名称： 工程部分：(桩号、墩台号、孔号)

所属单位工程：

所属建设项目(合同段)：

施工单位： 分部工程编号：

分项工程			备 注
分项工程编号	分项工程名称	质量等级	
	水泥砂砾底基层		
	水泥砂砾基层		
	水泥混凝土面层		
	路肩		
外观质量			
评定资料			
质量等级			
评定意见			

检验负责人： 记录： 复核： ×年×月×日

3.桥涵分部工程质量检验评定

(1)基础及下部构造分部工程质量检验评定表见表4-27。

表4-27 基础及下部构造分部工程质量检验评定表

分部工程名称： 工程部分：(桩号、墩台号、孔号)

所属单位工程：

所属建设项目(合同段)：

施工单位： 分部工程编号：

分项工程			备 注
分项工程编号	分项工程名称	质量等级	
	0#墩基础及下部构造		
	1#墩基础及下部构造		
	2#墩基础及下部构造		
	3#墩基础及下部构造		
	4#墩基础及下部构造		
	5#墩基础及下部构造		
	6#墩基础及下部构造		
	7#墩基础及下部构造		
	8#墩基础及下部构造		
外观质量			
评定资料			
质量等级			
评定意见			

检验负责人： 记录： 复核： ×年×月×日

(2)上部构造预制和安装分部工程质量检验评定表见表4-28。

表4-28　　上部构造预制和安装分部工程质量检验评定表

分部工程名称：　　　　工程部分：(桩号、墩台号、孔号)

所属单位工程：

所属建设项目(合同段)：

施工单位：　　　　分部工程编号：

分项工程			备　注
分项工程编号	分项工程名称	质量等级	
	1#孔上部构造预制及安装		
	2#孔上部构造预制及安装		
	3#孔上部构造预制及安装		
	4#孔上部构造预制及安装		
	5#孔上部构造预制及安装		
	6#孔上部构造预制及安装		
	7#孔上部构造预制及安装		
	8#孔上部构造预制及安装		
外观质量			
评定资料			
质量等级			
评定意见			

检验负责人：　　记录：　　复核：　　×年×月×日

(3)总体桥面系和附属分部工程质量检验评定表见表4-29。

表4-29　　总体桥面系和附属分部工程质量检验评定表

分部工程名称：　　　　工程部分：(桩号、墩台号、孔号)

所属单位工程：

所属建设项目(合同段)：

施工单位：　　　　分部工程编号：

分项工程			备　注
分项工程编号	分项工程名称	质量等级	
	桥梁总体		
	桥面铺装		
	桥面铺装钢筋安装		
	支座安装		
	伸缩缝安装		
	混凝土防撞护栏		
	混凝土防撞护栏钢筋安装		
	桥头搭板		
	桥头搭板钢筋安装		
外观质量			
评定资料			
质量等级			
评定意见			

检验负责人：　　记录：　　复核：　　×年×月×日

（4）子分部工程质量检验评定表见表 4-30、表 4-31。

表 4-30　　0＃台基础及下部构造子分部工程质量检验评定表

分部工程名称：　　　　工程部分：（桩号、墩台号、孔号）

所属单位工程：

所属建设项目（合同段）：

施工单位：　　　　分部工程编号：

分项工程			备　注
分项工程编号	分项工程名称	质量等级	
	钻孔灌注桩		
	钻孔灌注桩钢筋安装		
	承台浇筑		
	承台钢筋安装		
	台身浇筑		
	台身钢筋安装		
	台帽浇筑		
	台帽钢筋安装		
	盖梁浇筑		
	盖梁钢筋安装		
	锥坡		
	台背回填		
	挡块		
	支座垫石		
外观质量			
评定资料			
质量等级			
评定意见			

检验负责人：　　记录：　　复核：　　×年×月×日

表 4-31　　1＃孔上部构造预制和安装子分部工程质量检验评定表

分部工程名称：　　　　工程部分：（桩号、墩台号、孔号）

所属单位工程：

所属建设项目（合同段）：

施工单位：　　　　分部工程编号：

分项工程			备　注
分项工程编号	分项工程名称	质量等级	
	预制 T 形梁		
	空心板钢筋		
	预应力钢筋的加工和张拉		
	T 形梁安装		
外观质量			
评定资料			
质量等级			
评定意见			

检验负责人：　　记录：　　复核：　　×年×月×日

4.隧道分部工程质量检验评定

(1)隧道洞口分部工程质量检验评定表见表4-32。

表4-32　　隧道洞口分部工程质量检验评定表

分部工程名称：　　工程部分：(桩号、墩台号、孔号)

所属单位工程：

所属建设项目(合同段)：

施工单位：　　分部工程编号：

分项工程			备　注
分项工程编号	分项工程名称	质量等级	
	洞口开挖		
	洞口边、仰坡防护		
	洞门和翼墙的浇(砌)筑		
	截水沟		
	洞口排水沟		
外观质量			
评定资料			
质量等级			
评定意见			

检验负责人：　　记录：　　复核：　　×年×月×日

(2)洞身衬砌分部工程质量检验评定表见表4-33。

表4-33　　洞身衬砌分部工程质量检验评定表

分部工程名称：　　工程部分：(桩号、墩台号、孔号)

所属单位工程：

所属建设项目(合同段)：

施工单位：　　分部工程编号：

分项工程			备　注
分项工程编号	分项工程名称	质量等级	
	(钢纤维)喷射混凝土支护		
	锚杆支护		
	钢筋网支护		
	仰拱		
	混凝土衬砌		
	钢支承		
	衬砌钢筋		
外观质量			
评定资料			
质量等级			
评定意见			

检验负责人：　　记录：　　复核：　　×年×月×日

5.交通工程分部工程质量检验评定

护栏、轮廓标分部工程质量检验评定表见表4-34。

表 4-34　　护栏、轮廓标分部工程质量检验评定表

分部工程名称：　　　　工程部分：(桩号、墩台号、孔号)

所属单位工程：

所属建设项目(合同段)：

施工单位：　　　　分部工程编号：

分项工程			备注
分项工程编号	分项工程名称	质量等级	
	波形梁护栏		
	缆索护栏		
	混凝土护栏		
	轮廓标		
外观质量			
评定资料			
质量等级			
评定意见			

检验负责人：　　记录：　　复核：　　×年×月×日

三、公路单位工程质量检验评定

1.路基单位工程质量检验评定

(1)路基单位工程质量检验评定表见表4-35。

表 4-35　　路基单位工程质量检验评定表

单位工程名称：　　　　工程地点、桩号：

所属建设项目(合同段)：

施工单位：　　　　单位工程编号：

分部工程			备注
分部工程编号	分部工程名称	质量等级	
	ZK6＋800～ZK8＋000 路基工程		
	ZK8＋000～ZK9＋000 路基工程		
	YK7＋000～YK8＋000 路基工程		
	YK8＋000～YK9＋000 路基工程		
	K9＋000～K10＋000 路基工程		
	K10＋000～K11＋000 路基工程		
	K11＋000～K12＋000 路基工程		
外观质量			
评定资料			
质量等级			
评定意见			

检验负责人：　　记录：　　复核：　　×年×月×日

(2)路基子单位工程质量检验评定表见表 4-36。

表 4-36　　路基子单位工程质量检验评定表

单位工程名称：　　工程地点、桩号：

所属建设项目(合同段)：

施工单位：　　单位工程编号：

分部工程			备　注
分部工程编号	分部工程名称	质量等级	
	路基土石方工程		
	排水工程		
	K11＋800 小桥		
外观质量			
评定资料			
质量等级			
评定意见			

检验负责人：　　记录：　　复核：　　×年×月×日

2.路面单位工程质量检验评定

路面单位工程质量检验评定表见表 4-37。

表 4-37　　路面单位工程质量检验评定表

单位工程名称：　　工程地点、桩号：

所属建设项目(合同段)：

施工单位：　　单位工程编号：

分部工程			备　注
分部工程编号	分部工程名称	质量等级	
	ZK6＋800～ZK8＋000		
	ZK8＋000～ZK9＋000		
	YK7＋000～YK8＋000		
	YK8＋000～YK9＋000		
	K9＋000～K10＋000		
	K10＋000～K11＋000		
	K11＋000～K12＋000		
外观质量			
评定资料			
质量等级			
评定意见			

检验负责人：　　记录：　　复核：　　×年×月×日

3.桥梁单位工程质量检验评定

桥梁单位工程质量检验评定表见表4-38。

表4-38　桥梁单位工程质量检验评定表

单位工程名称：　　　　工程地点、桩号：

所属建设项目(合同段)：

施工单位：　　　　单位工程编号：

分部工程			备　注
分部工程编号	分部工程名称	质量等级	
	基础及下部构造		
	上部构造预制和安装		
	总体桥面系和附属工程		
外观质量			
评定资料			
质量等级			
评定意见			

检验负责人：　　记录：　　复核：　　×年×月×日

4.隧道单位工程质量检验评定

隧道单位工程质量检验评定表见表4-39。

表4-39　隧道单位工程质量检验评定表

单位工程名称：　　　　工程地点、桩号：

所属建设项目(合同段)：

施工单位：　　　　单位工程编号：

分部工程			备　注
分部工程编号	分部工程名称	质量等级	
	隧道总体		
	明洞		
	洞口工程		
	洞身开挖		
	洞身衬砌		
	防排水		
	隧道路面		
	装饰		
	辅助施工设施		
外观质量			
评定资料			
质量等级			
评定意见			

检验负责人：　　记录：　　复核：　　×年×月×日

5.交通工程单位工程质量检验评定

交通安全设施单位工程质量检验评定表见表4-40。

表4-40　　交通安全设施单位工程质量检验评定表

单位工程名称：　　　　工程地点、桩号：

所属建设项目(合同段)：

施工单位：　　　　单位工程编号：

分部工程			备　注
分部工程编号	分部工程名称	质量等级	
	标志		
	标线、突起路标		
	护栏、轮廓标		
	防眩设施		
	隔离栅、防落网		
外观质量			
评定资料			
质量等级			
评定意见			

检验负责人：　　　　记录：　　　　复核：　　　　×年×月×日

6.合同段工程质量鉴定

合同段工程质量鉴定表见表4-41。

表4-41　　合同段工程质量鉴定表

合同段名称：　　　　所属建设项目：

施工单位：　　　　监理单位：

单位工程名称	实得分	投资额	实得分×投资额	质量等级	备注
合　计					
合同段实测得分			内业资料扣分		
合同段鉴定得分			质量等级		

鉴定负责人：　　　　记录：　　　　复核：　　　　×年×月×日

7.建设项目质量鉴定

建设项目质量鉴定表见表4-42。

表4-42　　建设项目质量鉴定表

项目名称：　　　　路线名称：

起讫桩号：　　　　完工日期：

合同段	实得分	投资额	实得分×投资额	质量等级	备注
合计					
鉴定得分			质量等级		

鉴定负责人：　　记录：　　复核：　　×年×月×日

第五章 公路工程监理资料

第一节 监理资料概述

一、监理资料内容

监理资料应包括以下内容：

(1)勘察设计文件、建设工程监理合同及其他合同文件监理规划、监理实施细则。

(2)设计交底和图纸会审会议纪要。

(3)施工组织设计、(专项)施工方案、施工进度计划报审文件资料、分包单位资格报审文件资料。

(4)施工控制测量成果报审文件资料。

(5)总监理工程师任命书、工程开工令、暂停令、复工令及工程开工或复工报审文件资料。

(6)工程材料、构配件、设备报审文件资料。

(7)见证取样和平行检验文件资料。

(8)工程质量检查报审资料及工程有关验收资料。

(9)工程变更、费用索赔及工程延期文件资料。

(10)工程计量、工程款支付文件资料。

(11)监理通知单、工作联系单与监理报告。

(12)第一次工地会议、监理例会、专题会议等会议纪要。

(13)监理日志、监理月报、旁站记录。

(14)工程质量或生产安全事故处理文件资料。

(15)工程质量评估报告及竣工验收监理文件资料。

(16)监理工作总结。

二、监理日志

监理日志以项目监理部的监理工作为记载对象，从监理工作开始至监理工作结束，由专人负责逐日记载。工程项目监理日志见表 5-1。

表 5-1 工程项目监理日志

监理工程项目	××高速公路发展有限公司××公路工程 A2 标段	合同号	×××
记录人	×××	日期	×年×月×日
审核人	×××	日期	×年×月×日
天气			
监理机构主要工作简述（审批、验收、旁站、指令、会议等）	K2＋000××0＃台基础模板检查验收，符合规范要求		
就有关问题与建设单位、施工单位等进行澄清或处理的情况简述			

三、监理月报

监理工程师每月应将工程进展情况及存在的问题以监理月报的形式向业主及上级监理机构进行汇报。

监理月报由项目总监理工程师组织编写并签认，报送至业主和上级监理机构。报送时间由监理单位和业主协商确定，一般在收到承包人项目经理部报送的工程进度、本月已完工程量和本月计划完成工程量的工程量表及工程欲交付申请表等相关资料汇总后，在最短的时间内报送，一般时间为 5～7 天。

监理月报的内容包括本月的工程概况、工程质量、工程进度、工程计量与支付、合同管理情况、监理工作执行情况、本月监理工作小结及附录等，需根据建设工程规模大小决定内单明细程度，具体内容如下：

1.工程概况

工程监理月报的正文前应附有一张工程位置图，图中应清晰地标明工程的具体位置。

工程概况通常是简述合同的内容，第一份监理月报应详细提供以下资料（后期的监理月报内容可视情况适当进行增减）：

(1)项目名称、贷款号、合同号、地理位置、合同段长度、起讫桩号、线型和主要设计指标路线，以及结构物所在位置的地质情况。

(2)主要结构物的类型及数量，小结构物及道路设施。

(3)合同签订日期，承包人或联营体的名称及项目负责人，合同总造价，合同规定的工期、开工通知书发出日期和开工日期，修订的完工期(以后如有变动，可以修订)。

2.工程质量

根据合同要求，不符合技术规范规定的工程质量均不得计量和交验。在月报表中可就现场各个合同段或各个工程分项的材料、机械、人员配备实际情况，结合工程质量的检验及测量结果做出综合评价。

3.工程进度

工程进度应提供工程总体进度及每个主要工程分项的计划进度和实际进度。分项工程主要包括路基土石方工程，路面工程，桥梁、隧道、排水、防护工程，交通工程及道路设施，应按上述顺序详细说明本月的施工情况，具体内容如下：

(1)本月实际完成情况与计划进度进行比较。

(2)对进度完成情况及采取的措施和效果进行分析。

4.工程计量与支付

工程计量与支付中应说明本月的支付金额和累计支付金额，计日工使用及意外费用支付情况，现金流动预测调整，价格调整，以及索赔处理及工程师同意的其他费用。

工程计量与支付的主要工作内容包括：

(1)工程量审核情况。

(2)工程款审批情况及月支付情况。

(3)工程款支付情况分析。

(4)本月采取的措施及效果。

5.合同管理情况

合同管理情况主要反映工程变更、延期和费用索赔，争端与仲裁、违约，分包、转让和指定分包等的管理情况。

6.监理工作执行情况

监理工作执行情况简要描述了各级监理工程师办公室的服务情况，包括各级监理组织机构的在岗人数，出勤情况，工作计划安排及监理工程师的办公室、住房、设施和车辆等状况，以及工程产生的或将要产生的影响。

7.本月监理工作小结

本月监理工作小结主要内容包括：

(1)对本月进度、质量、工程款支付等方面情况的综合评价。

(2)本月监理工作情况。

(3)有关本工程的意见和建议。

(4)下月监理工作的重点。

8.附录

附录即本月工程所产生的相关资料，包括工程形象进度统计表、工作完成情况统计表、工程变更一览表、合同纠纷一览表、监理人员当月考勤、气象情况和材料情况统计资料等。

四、监理会议纪要

1.第一次工地会议

第一次工地会议是承包人、监理工程师进入工地后的第一次会议，是业主、承包人、监理工程师建立良好合作关系的一次机会。第一次工地会议应在正式开工前召开，并应尽可能早地举行。会议的组织由监理单位负责，监理工程师应事前将会议议程及有关事项通知业主、承包人及有关方面，必要时可先召开一次预备会议，使参加会议的各方做好资料准备。在会议举行中，如果某些重大问题达不到目的要求，可以暂时休会，待条件具备时再行复会。

(1)第一次工地会议参与者

第一次工地会议应由监理工程师主持，业主、承包人的授权代表必须出席会议，各方在工程项目中担任主要职务的部门(项目)负责人及指定分包人也应参加会议。

(2)会议的主要内容

①介绍人员及组织机构。业主或业主代表应就实施工程项目期间的职能机构、职责范围及主要人员名单提出书面文件，就有关细节做出说明。

总监理工程师应向监理工程师代表及高级驻地监理工程师授权，并声明自己仍保留的权利;将授权书、组织机构框图、职责范围及全体监理人员名单提交承包人并报备业主。

承包人应书面提出工地代表(项目经理)授权书、主要人员名单、职能机构框图、职责范围及有关人员的资质材料,以取得监理工程师的批准;监理工程师应在本次会议中进行审查并口头予以批准(或有保留的批准),会后正式予以书面确认。

②介绍施工进度计划,承包人的施工进度计划应在中标通知书发出后,在合同规定的时间内提交监理工程师。在第一次工地会议上,监理工程师应就施工进度计划做出如下说明:施工进度计划可于何日批准或哪些分项已获得批准,根据批准或将要批准的施工进度计划,承包人何时可以开始哪些工程施工,有无其他条件限制,有哪些重要的或复杂的分项工程还应单独编制进度计划并提交批准。

③承包人介绍施工准备情况。承包人应就施工准备情况按如下内容提出陈述报告,监理工程师应逐项予以澄清、检查和评述。

a.主要施工人员(含项目负责人、主要技术人员及主要机械手)是否进场或将于何日进场,并应提交进场人员计划及名单。

b.用于工程的进口材料、机械、仪器和设施是否进场或将于何日进场,是否会影响施工提交进场计划及清单。

c.用于工程的本地材料来源是否落实,并应提交材料分布图及供料计划清单。

d.施工驻地及临时工程建设进展情况,应提交驻地及临时工程建设计划分布和布置工地实验室、流动实验室及仪器设备是否准备就绪或将于何日安装就绪,并应提交实验室布置图、流动试验室分布图及仪器设备清单。

e.施工测量的基础资料是否已经落实并经过复核,施工测量是否进行或将于何时完成,并应提交施工测量计划及有关资料。

f.履约保函、动员预付款保函及各种保险是否已办理或将于何日办理完毕,并应提交有关已办理手续的副本。

g.为监理工程师提供的住房、交通、通信、办公等设备及服务设施是否具备或将于何时具备,并应提交有关计划安排及清单。

h.其他与开工条件有关的内容及事项。

④业主说明开工条件。业主代表应就工程占地、临时用地、临时道路、拆迁以及其他开工条件有关问题进行说明;监理工程师应根据批准或将要批准的施工进度计划的安排,对上述事项提出建议及要求。

⑤监理单位说明监理工作准备情况及监理程序。监理单位就监理工作准备情况以及有关事项做出说明,同时明确监理工作例行程序并提出有关表格及说明,一般应包括如下内容:

a.质量控制的主要程序、表格及说明。

b.计量支付的主要程序、报表及说明。

c.延期与索赔的主要程序、报表及说明。

2.工地会议

工地会议属于开工后举行的一种例行会议,用于解决施工中存在的问题。工地会议由监理工程师主持,宜每月召开一次。具体时间可根据施工中存在的问题程度由监理工程师决定,工地会议应在开工后的整个活动期内定期举行。

(1)参加人员。会议参加者应为高级驻地监理工程师及有关助理人员;承包人的授权代表、指定分包人及有关助理人员;业主代表及有关助理人员。

(2)会议内容。会议按既定的例行议程进行,一般应由承包人逐项进行陈述并提出问题与建议;监理工程师逐项组织讨论并做出决定或决议的意向。会议一般应按以下议程进行讨论和研究:

①对上次会议存在问题的解决和纪要的执行情况进行检查。

②工程进展情况。

③对下月(或下周)的进度预测。

④施工单位投入的人力、设备情况。

⑤施工质量、加工订货、材料的质量与供应情况。

⑥有关技术问题。

⑦索赔工程款支付。

⑧对施工单位提出的违约罚款要求。

(3)会议纪要内容。会议记录由监理工程师形成纪要,经与会各方认可后分发给有关单位,会议纪要内容如下:

①会议地点及时间。

②出席者姓名、职务及其代表的单位。

③会议中发言者的姓名及所发言的主要内容。

④决定事项。

⑤诸事项分别由何人何时执行。

监理工地例会举行的次数较多,一定注意要防止流于形式。监理工程师要对每次监理例会进行预先筹划,丰富会议内容,并且有较强的针对性,以真正发挥协调作用。

3.专题会议

专题会议一般由监理单位(或建设单位)或承包单位提出后,由总监理工程师组织参加专题会议的人员根据会议的内容确定,除建设单位、承包单位和监理单位的有关人员外,还可以邀请设计人员和有关部门人员参加。由于专题会议研究的问题重大又比较复杂,因此在会前应与有关单位一起做好充分的准备,如进行调查和收集资料,以便介绍情况。有时为了使协调会达到更好的共识,避免在会议上形成冲突或僵局,或为了更快地达成一致,可以先将会议议程打印后发给各位参加者,并就议程与一些主要人员进行预先磋商,这样才能在有限的时间内,让有关人员充分地进行研究并得出结论。在会议过程中监理工程师应能控制会议局势,防止不正常的干扰影响会议的正常进行。对于专题会议,也要求有会议记录和纪要,作为监理工程师存档备查的文件。

4.现场协调会

在整个施工活动期间,应根据具体情况定期或不定期召开不同层次的施工现场协调会,会议应由监理工程师主持,承包人或代表出席,有关监理及施工人员酌情参加。会议只对近月施工活动进行证实、协调和落实,对发现的施工质量问题应予以及时纠正,对其他重大问题只是提出而不进行讨论,再另外召开专门会议或在工地会议上进行研究处理。会议的主要内容包括:

(1)承包人报告近期的施工活动,提出近期的施工计划安排,简要陈述发生或存在的问题。

(2)监理工程师就施工进度和施工质量予以简要陈述,并根据承包人提出的施工活动安排,安排监理人员进行旁站、工序检查、抽样试验、测量验收、计算测算、缺陷处理等施工监理工作。

(3)对执行施工合同有关的其他问题交换意见。

现场协调会以协调工作为主，讨论和证实有关问题，及时发现问题。一般情况下对出现的问题不做出决议，重点只对日常工作发出指令，监理方和承包方通过现场协调会彼此交换意见，交流信息，促使监理与承包方保持良好的关系。

5.监理交底会

为了做好事前控制，让承包人明确监理程序，在合同工程开工前，总监理工程师应主持召开由承包人项目经理、技术负责人及相关人员、监理单位主要的监理人员参加的监理交底会，介绍监理计划的有关内容。多年的实践证明，监理交底会的召开对于监理工作的顺利开展和监理目标的实现起到了事半功倍的效果，监理交底会可以在开工前单独举行，也可以与第一次工地会议一起举行。

6.工地会议纪要填写规范

工地会议纪要填写规范见表5-2。

表5-2　　工地会议纪要填写规范

承包单位：××集团有限公司××公路工程A标段项目经理部　　合同号：×××

监理单位：××工程咨询有限公司××公路工程A2标段监理部　　编号：

时间：×年×月×日下午2:00 地点：××公路工程第三驻地监理工程师办公室 主持人：×××(一般由总监理工程师主持)		
参与者		
监理人员	承包人	其他人员
×××	×××	×××
记录整理人：×××	本次会议纪要共3页	
抄送： ××高速发展有限公司××高速公路管理处(业主单位) ××工程咨询有限公司(监理工程师上级单位) ××集团有限公司××公路工程项目部(承包单位)		
监理工程师：×××		日期：×年×月×日
承包人：×××		日期：×年×月×日

五、监理工作总结

施工阶段监理工作结束后，监理单位应向建设单位提交项目监理工作总结，监理工作总结应包括以下内容：

(1)工程概况。

(2)监理组织机构、监理人员和投入的监理设施。

(3)工程质量、安全，环保、费用、进度监理及合同管理执行情况。

(4)分项分部、单位工程质量评估。

(5)工程费用分析。

(6)施工过程中出现的问题及其处理情况和建议、工程照片等。

第二节 监理管理文件

监理管理文件包括监理大纲、监理规划、监理实施细则等。

一、监理大纲

监理大纲又称监理方案，它是监理单位在业主开始委托监理的过程中，特别是在业主进行监理招标过程中，为获得监理业务而编写的监理方案性文件，也是监理投标文件的重要组成部分。

1.监理大纲的作用

监理单位编制监理大纲有以下两个作用：

(1)使业主认可监理大纲中的监理方案，从而承揽到监理业务。

(2)为项目监理机构今后开展监理工作制订基本方案，为使监理大纲的内容和监理实施过程紧密结合，监理大纲的编制人员应当是监理单位经营部门或技术管理部门人员，也应包括拟定的总监理工程师。总监理工程师参与编制监理大纲有利于监理规划的编制。

2.监理大纲的内容

监理大纲的内容应当根据业主所发布的监理招标文件要求而制订，一般来说应包括如下主要内容：

(1)拟派往项目监理机构的监理人员情况。在监理大纲中，监理单位需要介绍拟派往所承揽或投标工程的项目监理机构的主要监理人员，并对他们的资格情况进行说明。其中，应重点介绍拟派往投标工程的项目总监理工程师的情况，这往往决定着承揽监理业务的成败。

(2)拟采用的监理方案。监理单位应当根据业主所提供的工程信息，并结合自己为投标所初步掌握的工程资料，制订出拟采用的监理方案。

(3)提供给业主的阶段性监理文件。在监理大纲中，监理单位还应明确未来工程监理工作中向业主提供的阶段性监理文件，这将有助于满足业主掌握工程建设过程的需要，有利于监理单位顺利承揽该工程建设的监理业务。

二、监理规划

监理规划是指导监理工作的纲领性文件，由总监理工程师根据监理合同，在监理大纲的基础上，结合项目的具体情况组织编制，经监理单位技术负责人审核批准，在监理交底会前报送至建设单位。

监理规划的内容应有针对性，做到控制目标明确、控制措施有效、工作程序合班、工作制度健全、职责分工清楚，对监理实施工作具有指导作用。

1.工程项目概况

工程项目概况包括工程项目名称、建设地点、建设规模、预算投资、建设工期、工程特点，以及业主、设计单位、监理单位、承包人、主要分包单位等内容。

2.监理工作依据

(1)国家和地方有关工程建设的法律、法规。

(2)建设工程委托监理合同。

(3)业主与承包人签订的本工程施工合同及补充协议。

(4)标准、规范及有关技术文件。

(5)本工程的工程地质、水地质勘察报告。

(6)本工程设计文件，设计变更、工程洽商有关文件。

(7)工程清单、工程报告或预算书。

3.监理范围和监理目标

监理范围是指监理单位所承担任务的工程项目建设监理的范围。例如，××公路工程×标段路基，桥涵、隧道工程。

监理目标是指监理单位所承担的工程项目的监理目标，包括工期控制目标、工程质量控制目标和工程造价控制目标。

4.监理规划的内容

《公路工程施工监理规范》(JTG G10—2016)中规定监理规划应包括下列主要内容：

(1)质量监理文件与资料。包括质量监理措施、规定及来往文件、试验检测资料、监理抽检资料、交工验收工程质量评定资料等。

(2)施工安全监理与环保监理文件。包括安全管理的规章制度、措施，会议记录、检查结果、安全事故的有关文件及施工环境保护规划、环境保护措施、环境保护检查等。

(3)费用监理文件与资料。包括各类工程支付文件、工程变更有关费用审核工作、工程决算审核意见书等。

(4)进度监理文件与资料。包括进度计划审批、检查、调整的有关文件，工程开工/复工令及工程暂停令等。

(5)合同管理文件与资料。包括施工单位办理保险的有关文件、延期索赔申请分包资质资料、延期和索赔的批准文件价格调整申请及批准文件等。

5.监理规划的编制

(1)监理规划的编制依据

①国家颁布的有关工程建设的法律、法规和规章。

②工程所在地或所属行业颁发的有关工程建设的法规、规定和文件。

③国家、行业及地方颁发的有关工程建设的标准、规范、规程。

④政府批准的工程建设文件。

⑤工程项目设计文件和图纸。

⑥监理合同和施工合同。

⑦工程项目规模、特点和建设条件。

(2)监理规划的编制要求

监理规划的编制应由项目总监理工程师主持，驻地监理工程师参加。总监理工程师主持编制整个工程项目的监理规划，所属各监理合同段的驻地监理工程师应根据总监理工程师的要求和需要，组织编制本监理合同段的监理规划。

在监理规划中，应结合所监理项目的特点和合同要求，体现总监理工程师的组织管理思想、工作思路和总体安排，监理规划的编写应符合下列基本要求：

①针对性和指导性。每个监理项目各有其特点，监理单位要根据监理项目的特点和自身的具体情况编制监理规划，而不是照搬以往的或其他项目的内容，这样才能保证监理规划对将要开展的监理工作具有指导意义和实用价值。

②科学性。在编制监理规划时，只有重视科学性才能提高监理规划的质量，从而不断指导和促进监理业务水平的提高。

③实事求是。坚持实事求是，是监理单位开展监理工作和市场业务的原则。只有实事求是地编制监理规划，并在监理工作中认真落实，才能保证监理规划在监理机构内部管理中的严肃性和约束力，才能保证监理单位在项目监理中和市场监理中的良好信用。

④编制时间应满足合同规定的期限要求，如合同中未明确规定，一般应在监理合同签订之日起一个月内及第一次工地会议和合同工程开工令下达之前完成。

6.监理规划的审批

监理规划在编制完成后需要进行审核并经过批准。监理单位的技术主管部门是内部审核单位，其负责人应当签认的同时，还应按合同约定提交业主，由业主批准后执行。

在监理规划的实施过程中，根据实际情况变化需要对其进行补充、修改和完善时，须经总监理工程师审查批准并报业主备案。

三、监理实施细则

监理实施细则是在监理规划的指导下，由专业监理工程师针对项目具体情况编制的更具有实施性和可操作性的业务文件。

1.编制依据

(1)已批准的监理规划。

(2)与专业工程相关的标准、设计文件和技术资料。

(3)施工组织设计。

2.主要内容

(1)专业工程的特点。

(2)监理工作流程。

(3)监理工作的控制要点及目标。

(4)监理工作的方法及措施。

3.监理工作的具体内容

(1)参加设计交底。监理工程师应参加设计交底，掌握本工程的设计意图、设计标准和要点；熟悉对材料与工艺的要求，施工中应特别注意的事项，以及对施工安全、环保工作的要求等并澄清有关问题，收集相关资料并记录。对发现的设计问题，应以书面形式向建设单位提出意见和建议。

设计交底会一般由施工单位编写会议纪要，监理机构参加交底会的负责人应与其他与会单位代表一起对会议纪要进行签认。

(2)审批施工组织设计。总监理工程师应在合同规定的期限内及时审批施工单位提交的施工组织设计，各施工合同的施工组织设计及总体进度计划应首先由驻地监理工程师和专业监理工程师审核并提出审核意见，然后由总监理工程师办公室的专业监理工程师审核，再由总监理工程师审核批准，其重点包括：

①施工组织设计的审批手续是否齐全有效。

②施工质量、安全、环保、进度、费用目标是否与合同一致。

③质量、安全和环保等保证体系是否健全有效。

④安全技术措施、施工现场临时用电方案及工程项目应急救援抢险方案是否符合要求。

⑤施工总体部署，施工方案，以及安全、环保等应急预案是否合理可行。

对于采用新技术、新工艺或在特殊季节施工的分项、分部工程和危险性较大的分部工程，应要求施工单位编制专项随工方案，并由驻地监理工程师审核，由总监理工程师批准后实施。

(3)检查保证体系。监理工程师应检查施工单位质量、安全和环保等保证体系是否落实，重点检查项目经理、技术负责人、工地实验室负责人的资格，以及质量、安全、环保人员的履约情况。

(4)审核工地实验室。工地实验室是施工单位控制工程质量的重要手段，也是检查、评价、验收工程质量的科学依据。通过审查，确保施工单位工地实验室合格，使其充分发挥施工自检、质量保证作用，是质量监理的基础条件之一。

监理工程师应审核施工单位工地实验室的人员、设备和试验检测能力是否满足合同要求管理制度，以及合同要求管理制度是否健全。

(5)审批复测结果。控制桩点是决定整个工程平面位置和高程的基准，监理工程师应对施工单位提交的原始基准点、基准线和基准高程的复测结果进行审核和平行复测。当双方复测结果一致并满足规范要求时，监理工程师应在合同规定的期限内批复。

(6)验收地面线。监理工程师应监督施工单位在原始地面线未被扰动前测定地面线，并对测定结果进行抽测，抽测频率应能判定施工单位测定结果是否真实可靠，且不低于施工单位测点的30％，监理工程师应对施工单位提交的土石方工程量计算资料进行审核。

(7)审批工程划分。分项、分部、单位工程的划分是加强工程管理、统一口径的措施，经监理批准的工程划分应作为参建各方面在分项、分部工程开工申请和批准，分项工程质量控制、验收、评定和中间交工，以及分部、单位工程质量评定和工程计量支付等施工全过程管理的依据。

总监理工程师应于总体开工前对施工单位提交的分项、分部、单位工程划分予以批复，并报送至建设单位备案。

(8)确认场地占用计划。施工单位提交合同工程全部场地的占用计划应符合总体进度计划的安排，及时提交建设单位场地占用计划的目的是促使建设单位按时完成征地拆迁，避免因建设单位未能按计划提交施工用地而造成违约，进而引起施工单位的索赔。

总监理工程师应对施工单位提交的场地占用计划及临时增减的用地计划予以确认，并及时提交至建设单位。

(9)核算工程量清单。工程量清单是合同工程计量支付的主要依据，清单管理也是费用监理的主要工作之一。工程量清单复核是施工单位在开工前必须做好的准备工作之一。

监理工程师审核工程量清单应依据合同条件、合同图纸和技术规范，按照合同规定的计量原则进行工程数量核算，审核无误后，及时对施工单位提交的工程量清单复核结果予以签认。工程数量的审核应严格区分不同的计量方法，有的工程数量是严格以经核对无误的图纸数量为准，不考虑超出设计尺寸或损耗数量；有的工程数量是按实际发生的计量，通过工程量清单的计量说明，同时还应明确每项单价所包含的工程内容。

(10)签发开工预付款支付证书。总监理工程师应在施工单位提交完预付款担保后，按合同规定的金额签发开工预付款支付证书，报建设单位审批。

(11)召开监理交底会。监理交底会可以在开工前单独举行，也可以与第一次工地会议一起举行。

总监理工程师应在合同工程开工前主持召开由施工单位项目经理负责人相关人员参加的监理交底会，介绍监理计划的相关内容。

(12)召开第一次工地会议。总监理工程师应主持召开第一次工地会议。

(13)签发合同工程开工令。监理工程师收到施工单位提交的合同工程开工申请后，应对合同工程的开工条件进行审查。具备开工条件的，由总监理工程师签发合同工程开工令，并报送建设单位备案。

若某项条件因客观原因未完成，且其对开工后的工程正常进行无明显影响时，经建设单位同意后，可签发合同工程开工令。

第三节　工程质量监理文件

一、工程质量控制的概念

工程质量控制是指为保证工程质量，满足工程合同、规范标准所采取的一系列措施、方法和手段。工程质量要求主要表现为工程合同、设计文件、技术规范标准规定的质量标准。工程质量控制按其实施主体不同，可分为自控主体和监控主体；前者是指直接从事质量职能的活动者，后者是指对他人质量能力和效果的监控者。工程质量控制主要包括以下几个方面：

(1)政府的工程质量控制。政府属于监控主体，主要是以法律法规为依据，通过抓工程报建、施工图设计文件审查、施工许可、材料和设备准用、工程质量监督、重大工程竣工验收备案等主要环节进行的。

(2)建设单位的工程质量控制。建设单位属于监控主体，主要是协调设计、监理和施工单位之间的关系；通过控制项目规划、设计质量、招标投标、审定重大技术方案、施工阶段的质量控制、信息反馈等各个环节来控制工程质量。

(3)工程监理单位的工程质量控制。工程监理单位属于监控主体，其主要职能是受建设单位的委托，代表建设单位对工程实施全过程的质量监督和控制，包括勘察设计阶段的质量控制、施工阶段的质量控制，以满足建设单位对工程质量的要求。

(4)勘察设计单位的工程质量控制。勘察设计单位属于自控主体，是以法律、法规及合同为依据，对勘察设计的整个过程进行控制，包括工作程序、工作进度、费用及成果文件所包含的功能和使用价值，以满足建设单位对勘察设计质量的要求。

(5)施工单位的工程质量控制。施工单位属于自控主体,是以工程合同、设计图纸和技术规范为依据,对施工准备阶段、施工阶段、竣工验收交付阶段等施工全过程的工作质量和工程质量进行控制,以达到合同文件规定的质量要求。

二、公路工程质量控制原则

公路工程质量控制是指采取一系列检测、试验、监控等措施、手段和方法,按照质量策划和质量改进的要求,确保合同、规范所规定的质量标准能够实现。

根据公路施工的特点,在控制过程中,应遵循以下几条基本原则:

(1)质量第一,用户至上。

(2)充分发挥“人的作用”。

(3)以预防为主。

(4)质量标准、严格检查、一切用数据说话。

(5)贯彻“科学、公正、守法”的职业规范。

三、质量监理的基本程序

开工前,监理工程师应向承包人提出适用所有工程项目质量监理的程序及说明,以供所有监理人员、承包人的自检人员和施工人员共同遵循,使质量监理工作程序化。在施工过程中,质量监理一般应按以下程序进行:

1.提交工程开工报告

在各单位工程、分部工程或分项工程开工之前,高级驻地监理工程师应要求承包人提交工程开工报告并进行审批,工程开工报告应提出工程实施计划和施工方案;依据技术规范,列明本项工程的质量控制指标及检验频率和方法;说明材料、设备、劳力及现场管理人员等的准备情况;提供放样测量、标准试验、施工图等必要的基础资料。

2.提交工序自检报告

监理工程师应要求承包人的自检人员按照专业监理工程师批准的工艺流程和提出的工序检查程序,在每道工序完工后首先进行自检,自检合格后,填写工序质量检验通知单并附工序自检资料,报请监理工程师进行检查认可。

3.提交工序检查认可

专业监理工程师应紧接承包人的自检或与承包人的自检同时进行每道工序完工后的检查验收并签字,对不合格的工序应指示承包人进行缺陷修复或返工。如前道工序未经检查认可,则后道工序不得进行。

4.提交中间交工报告

当单位工程、分部或分项工程完工后,承包人的自检人员应再进行一次系统的自检,汇总各道工序的检查记录及测量和抽样试验的结果,提出交工报告。对于自检资料不全的交工报告,监理工程师应拒收。

5.提交中间交工证书

监理工程师在收到承包人提交的中间交工申请并检验该工程中每道工序的质量验收单后,应对该工程进行一次系统的检查验收,必要时应做测量或抽样试验。检查合格并按合同规定进行质量等级评定后,监理工程师签发“中间交工证书”。未经中间交工检验或检验不合格的工程,不得进行下一分项(或分部)工程的施工。

监理工程师应在组成工程的各个单位、分部或分项工程开工前，提出工序检查程序说明，以供现场旁站监理人员、承包人的自检人员及施工人员共同遵循。当每道工序完成后，承包人的自检人员应按照专业监理工程师批准的工艺流程和提出的工序检查程序先进行质量自检，自检合格后，填写“工序自检报告”，报送专业监理工程师检查认可。监理工程师收到承包人的“工序自检报告”后，应在规定的时间内对待检工序进行检查验收，若检验合格，则根据检查结果填写“工序检查质量认可”，即可批准其进行下一道工序；若检验不合格，则令承包人进行缺陷修补或返工。前道工序未经检查认可的，不得进行下道工序的施工。

四、工程质量控制文件填写范例

1.施工放样报验单

施工放样报验单见表5-3。

表5-3 **施工放样报验单**

承包单位：××集团有限公司××公路工程A2标段项目经理部 合同号：×××

监理单位：××工程咨询有限公司××公路工程A2标段监理部 编号：

<table>
<tr><td colspan="4">致　　　　（监理工程师）

根据合同要求，业已完成K3＋000～K7＋000段线路中线及该段范围内桥梁、涵洞等结构物施工放样工作，请予查验

承包人：×××　　　　日期：×年×月×日</td></tr>
<tr><td>工程或部位名称</td><td>柱号或位置</td><td>放样内容</td><td>备注</td></tr>
<tr><td>K3＋000～K7＋000</td><td>路基工程</td><td>线路中线</td><td></td></tr>
<tr><td>K5＋200</td><td>盖板涵</td><td>中线及高程控制桩</td><td></td></tr>
<tr><td>K6＋000</td><td>××大桥</td><td>桩基础中心坐标</td><td></td></tr>
<tr><td colspan="4">测量及放样资料：
(1)放样依据
(2)放样成果</td></tr>
<tr><td colspan="4">监理员意见：符合设计及规范要求</td></tr>
<tr><td colspan="4">监理工程师结论：
符合设计及规范要求
监理工程师：×××　　　　日期：×年×月×日</td></tr>
</table>

2.检验申请批复单

检验申请批复单见表 5-4。

表 5-4　　检验申请批复单

承包单位:××集团有限公司××公路工程 A2 标段项目经理部　　合同号:×××

监理单位:××工程咨询有限公司××公路工程 A2 标段监理部　　编号:

工程项目	××高速公路工程 A2 标段
工程地点及桩号	K6+000
具体位置	××大桥 0 台基础
检验内容	基础钢筋绑扎
要求到现场检验时间:×年×月×日上午××	
承包人递交日期、时间和签字:×年×月×日上午××	
监理员收件日期、时间和签字:×年×月×日上午××	
监理员评论和签字: 符合设计及规范要求	质量证明附件: (1)隐蔽工程检查记录 (2)工序(分项)质量评定表
监理工程师签字:××× 同意进行下道工序施工 ×年×月×日	承包人收到日期、时间、签字:××× ×年×月×日

3.中间交工证书

中间交工证书见表 5-5。

表 5-5　　中间交工证书

承包单位:××集团有限公司××公路工程 A2 标段项目经理部　　合同号:×××

监理单位:××工程咨询有限公司××公路工程 A2 标段监理部　　编号:

下列工程已完工,申请交验,以便进行下一步作业 工程内容: K3+000~K4+000 段 1 000 m 路基工程路堤填筑施工已完成,申请中间交工,以便进行下道工序施工					
桩号	K3+000~K4+000	日期	×年×月×日	承包人签字	×××
监理工程师收件日期:×年×月×日　　签字:×××					
结论: 经检查,符合设计及规范要求,同意进行下道工序施工 监理工程师:×××　　×年×月×日					
承包人收件日期:×年×月×日　　签字:×××					

4.工程质量事故处理报告单

工程质量事故处理报告单见表 5-6。

表 5-6　　工程质量事故处理报告单

承包单位：××集团有限公司××公路工程 A2 标段项目经理部　　合同号：×××

监理单位：××工程咨询有限公司××公路工程 A2 标段监理部　　编号：

工程名称： 时间：×年×月×日 桩号：K5＋150～K5＋200 原因：因施工不规范，导致该段挡土墙坍塌
性质： 严重
造成损失： 造成直接经济损失约 20 万元人民币，同时导致工期滞后 20 天
应急措施：立即停止施工，排查隐患，并迅速封闭施工现场，确保人员安全。同时上报监理工程师、建设单位及上级主管单位
处理意见： (1)立即停止该段挡土墙施工 (2)封闭施工现场，组织人员撤离，排查事故隐患，确保人员安全 (3)尽快提出质量事故报告，并报告业主 (4)尽快上报处理方案。排除隐患后，尽快组织重新施工
承包人：×××　　×年×月×日 监理工程师：×××　　×年×月×日

5.分包申请报告单

分包申请报告单见表 5-7。

表 5-7　　分包申请报告单

承包单位：××集团有限公司××公路工程 A2 标段项目经理部　　合同号：×××

监理单位：××工程咨询有限公司××公路工程 A2 标段监理部　　编号：

分包理由： 为加快工程进度，根据合同相关条款规定，由××工程有限公司施工 K3＋000～K5＋000 路基防护工程 附件： 分包人的资质、经验、能力、质量、信誉、财务、设备、主要人员经历等资料 承包人：×××　　日期：×年×月×日						
分包单位名称：××工程有限公司				分包单位负责人：×××		
项目号	分包工程名称	单位	数量	单价	分包金额	占合同总金额比例
1	K3＋000～K5＋000 路基防护工程	m^2	500	80	40 000	2%
合计						
分包工程开工日期： ×年×月×日						
分包工程竣工日期： ×年×月×日						
监理工程师审批意见： 经审查，该分包工程符合合同要求，该分包人具备施工能力，同意进场施工 日期：×年×月×日						

第四节　工程进度监理文件

一、进度监理的概念

为了加强公路工程基本建设项目管理，合理控制工程质量、工期及费用，提高投资效益与工程管理水平，必须进行工程承包合同条件下的项目建设监理，即实施合同管理中质量、工期、费用三大控制工程进度监理。根据工程项目的进度目标，编制经济合理的进度计划并检查工程项目进度计划的执行情况；当发现实际执行情况与计划进度不一致时，应及时分析原因并采取必要措施，对原工程进度计划进行调整或修正，以保证进度目标的实现。

工程进度是工程承包合同规定工期中施工活动的时间安排，因此进度监理是履行工程承包合同的重要内容，工程进度涉及建设单位和施工单位的重大利益，是合同能否顺利执行的关键。

二、进度监理的原则

进度监理应在确保质量和安全的基础上，以计划控制为主线进行。监理工程师应要求施工单位按时提交进度计划，严格进行进度计划审批，及时收集、整理、分析进度信息，如发现问题及时按照合同规定进行纠正。

三、进度监理的作用和任务

1.进度监理的作用

进度监理的作用就是在考虑工程施工管理的三个要素（工期、质量、费用）的同时，针对工程施工的全过程，通过计划、组织、协调、检查、调整等手段，调动一切积极因素，努力实现施工过程中的各个阶段目标，从而确保总工期的实现。实行工程进度监理的具体作用主要体现在以下四个方面：

（1）合理控制工期、质量和费用，使项目管理达到综合优化。

（2）通过审查施工进度计划及控制实际进度与计划管理进度差异情况，完善施工进度计划管理。

（3）除充分考虑时间控制问题外，同时还应考虑劳动力、材料、施工机具设备等所必需的施工资源问题，使其达到最有效、合理、经济的配置与利用。

（4）通过计划、组织、协调、检查与调整，调动施工活动中的一切积极因素，努力实现施工过程中各个阶段的进度目标，以确保工程施工全过程总工期目标的实现。

2.进度监理的任务

公路工程施工监理过程中，以工程进度控制为目的的工程进度监理是一个重要环节。必须实施进度监理，使工程按预定工期完工。监理工程师的主要任务如下：

（1）要求承包人在工程开工前或施工中根据合同文件和施工进展情况，编出符合实际且便于管理的施工组织计划。

（2）审批承包人编制的施工组织计划。

（3）督促承包人执行已审批的施工组织计划。

(4)对已批准的进度计划的执行情况进行监督。

通过计划进度与实际进度的比较,掌握影响施工进度计划所有条件的变化情况,对进度计划的执行进行控制。控制实际进度与计划进度的差距,根据差距情况发布调整施工进度计划的指令。协调业主和承包人各方的关系,使工程能够按照预期进度进行。

四、工程进度计划管理文件填写范例

1.工程分项开工申请批复单

工程分项开工申请批复单见表 5-8。

表 5-8　　工程分项开工申请批复单

承包单位:××集团有限公司××公路工程 A2 标段项目经理部　　合同号:×××

监理单位:××工程咨询有限公司××公路工程 A2 标段监理部　　编号

开工项目:K3+000～K7+000 段路基工程
桩号:K3+000～K7+000
建议开工日期:×年×月×日
计划完工日期:×年×月×日
此项工程负责人:×××
附件: (1)建设单位办理的工程开工证(复印件) (2)施工组织设计 (3)施工测量放样资料 (4)主要人员资质,材料、设备进场审查资料 (5)施工现场道路、水电、通信等已达到开工条件证明文件 承包人:×××　　日期:×年×月×日
监理员意见:本工程可以进行
经审查,具备开工条件,同意 K3+000～K7+000 段路基工程于×年×月×日开工 监理工程师:×××　　日期:×年×月×日

2.承包人每周工作计划

承包人每周工作计划见表 5-9。

表 5-9　　承包人每周工作计划

承包单位:××集团有限公司××公路工程 A2 标段项目经理部　　合同号:×××

监理单位:××工程咨询有限公司××公路工程 A2 标段监理部　　编号:

工作计划日期: ×年×月×日～×年×月×日			承包人递交日期:×年×月×日 签字:×××	监理收到日期:×年×月×日 签字:×××		
计划施工项目			施工项目说明	申请监理安排		
桩号	部位	日期		检查	试验	测量
K6+000	××大桥	×月×日	0#台基础钢筋绑扎	√		
K6+000	××大桥	×月×日	0#台基础模板检查	√		√
K6+000	××大桥	×月×日	0#台基础混凝土浇筑		√	
K6+000	××大桥	×月×日	2#台基础钢筋绑扎	√		
K6+000	××大桥	×月×日	2#台基础模板检查	√		√
K6+000	××大桥	×月×日	2#台基础混凝土浇筑		√	
监理工程师意见:同意按计划施工 监理工程师:×××　　日期:×年×月×日						

3.工程暂时停工指令

工程暂时停工指令见表 5-10。

表 5-10　　工程暂时停工指令

承包单位:××集团有限公司××公路工程 A2 标段项目经理部　　合同号:×××

监理单位:××工程咨询有限公司××公路工程 A2 标段监理部　　编号:

停工依据: 《公路路基施工技术规范》(JTG/T 3610—2019)、施工合同
停工范围:路基土方工程
停工原因:目前已进入冬季施工阶段,不具备路基土方填筑施工条件
停工日期: ×年×月×日×时
停工后应做如下处理: 工程停工后,承包人应做好成品保护工作,为下一步施工创造条件
驻地监理工程师:××× 日期:×年×月×日
承包人:××× 日期:×年×月×日

4.复工指令

复工指令见表 5-11。

表 5-11　　复工指令

承包单位:××集团有限公司××公路工程 A2 标段项目经理部　　合同号:×××

监理单位:××工程咨询有限公司××公路工程 A2 标段监理部　　编号:

复工依据: 《公路路基施工技术规范》(JTG/T 3610—2019)、施工合同
复工范围: 路基土方工程
复工原因: 目前天气已具备路基土方工程施工条件
复工日期: ×年×月×日×时
复工后应做如下工作: (1)抓紧组织施工机械、人员进场 (2)尽快清除表层厚土 (3)对停工前路基表面碾压密实,经自检合格后,重新申请报验
驻地监理工程师:××× 同意路基土方工程于×年×月×日×时复工 日期:×年×月×日
承包人:××× 日期:×年×月×日

第五节 工程合同管理文件

合同管理是指监理工程师代表业主对业主与承包人所签施工承包合同的执行情况进行动态管理,涉及工程变更、工程延期、费用索赔、合同争端、违约处理、工程分包等环节。

一、工程变更

1.工程变更的概念

工程变更是指经监理工程师审查批准并下达变更令后,对工程合同文件的任何部分及工程项目的任何部门所采用的形式上的改变、质量要求上的改变或工程数量上的改变,工程变更涉及的内容比较广泛。

在工程施工过程中,工程变更通常是不可预见的。但工程变更一般均会对工程费用和工期产生影响,会涉及业主和承包人的利益,因而监理工程师应谨慎地按合同条款实施工程变更管理。

2.工程变更的规定

(1)合同文件是管理和实施工程的依据,总监理工程师是在事先获得业主批准的情况下就工程形式、质量、数量发布变更令,以及对合同文件做出变更、增加及省略。

(2)发布变更令应遵循的原则:节约资金、土地或保证工程进度和质量等。

(3)在进行变更设计时,事先应周密调查,备有图文资料,且设计深度应符合技术规范要求,并填写“工程变更申请单”,详细申述变更设计理由(包括与原设计技术经济比较),按照审批流程及权限报请审批,未经正式批准的,不得按变更设计施工。

(4)任何工程的形式、数量、质量和内容上的变动,必须由监理工程师签发工程变更令,并由监理工程师监督承包人实施。

(5)监理工程师认为有必要根据合同有关规定变更工程时,应经业主同意。

(6)业主提出变更时,监理工程师应根据合同有关规定办理。

(7)承包人请求变更时,须经监理工程师审查,必要时报业主同意后,方可根据合同有关规定办理。

(8)监理工程师应就颁布工程变更令引起的费用增减与业主和承包人进行协商,以确定变更费用。

3.工程变更的范围

如果监理工程师认为有必要对工程或其中任何部分的形式、质量及数量做出任何变更,变更范围包括:

(1)增加或减少合同中包括的任何工程的数量。

(2)取消合同中任何部分的工程细目的工作(被取消的工作是由业主责成其他承包人实施的除外)。

(3)改变合同中任何工作的性质、质量或种类。

(4)改变工程中任何部分的线型、标高、位置和尺寸。

(5)完成工程中所必需的任何种类的附加工作。

(6)改变工程中任何部分施工的顺序或时间。

4.工程变更的程序

(1)变更通知

监理工程师经批准决定根据有关规定对工程进行变更时,应向承包人发出变更通知,其内容主要包括:

①变更的工程项目、部位或合同中某文件内容。

②变更的原因、依据及有关的文件、图纸、资料。

③要求承包人据此安排变更工程的施工或合同文件修订的事宜。

④要求承包人向监理工程师提交其认为此项变更给其费用带来影响的估价报告。

(2)资料收集

监理工程师将指定专人受理变更,如遇较大的工程变更,必要时需邀请设计代表参加,变更通知发出的同时,着手收集与该变更有关的资料,包括以下内容:变更前后的图纸合同、文件,技术变更洽商记录,技术研讨会记录,来自业主、承包人、监理部门和监理工程方面的文件与会谈记录,行业部门涉及该变更方面的规定与文件,上级主管部门的指令性文件等。

(3)费用评估

监理工程师根据掌握的文件资料和实际情况,按照合同的有关条款,考虑综合影响,完成下列工作后对变更费用做出评估。

①审核变更工程数量或拟修改的合同文件。

②确定变更工程单价及费率或拟修改合同文件引起的费用。

③以上评估结果报监理部门审批。

(4)协商价格

承包人和业主就工程变更费用评审及确定支付单价进行协商,对协商一致的单价可确定为工程付单价。在意见难以统一时,监理工程师可根据情况在报业主同意后,定出认为合理的单价或总价,并通知承包人报送业主,为不延误工程进展,变更工程支付单价或总价不能议定时,监理工程师可以确定暂时的单价或总价作为暂时付款依据,可先向承包人发布工程变更指令,使承包人继续施工;在进行施工的同时,与承包人进一步协商变更涉及的费用和价格。

(5)颁布工程变更令

当变更资料齐全、变更价格确定并获监理部门及业主批准时,监理工程师可向承包人发出工程变更令。

二、工程延期

1.工程延期的概念

工程延期是指按照合同有关规定,由于非承包人自身原因造成的且经监理工程师书面批准的合理施工期限延长,它不包括由于承包人自身原因造成的工期延误。延期的原因主要包括:额外或附加的工程,恶劣的气候条件,由业主造成的延误或阻碍,不是承包人的过失、违约或由其负责的其他特殊情况,合同中所规定的任何延误原因。

2.工程延期的申请程序

如果由于非承包人的责任,工程不能按原定工期完工,则承包人有权根据合同约定按以下程序申请延期:

(1)承包人应在知道或应当知道索赔事件发生后28天内,向监理人递交索赔意向通知书,并说明发生索赔事件的缘由;承包人未在前述28天内发出索赔意向通知书的,则丧失要求加付款和(或)延长工期的权利。

(2)承包人应在发出索赔意向通知书后28天内,向监理人正式递交索赔通知书,索赔通知书应详细说明索赔理由,以及要求追加的付款金额和(或)延长的工期,并附必要的记录和证明材料。

(3)对于索赔事件具有连续影响的,承包人应按合理时间间隔继续递交延续索赔通知,说明连续影响的实际情况和记录,列出累计追加付款金额和(或)工期延长天数。

(4)在索赔事件影响结束后的28天内,承包人应向监理人递交最终索赔通知书,说明最终要求索赔的追加付款金额和延长的工期,并附必要的记录和证明材料。

如果承包人未履行上述程序,则监理工程师可以不做出任何延期的决定,如承包人的延期要求是合理的,但由于监理工程师未能在合理的时间内做出延期的决定,致使承包人的工程进度受到进一步的拖延,将可能导致更多的索赔。

3.工程延期的审批依据

监理工程师审批工程延期的依据主要有以下几个方面:

(1)延期事件是否属实。

(2)是否符合合同的规定。

(3)延期事件是否发生在施工进度网络计划图的关键线路上。

(4)延期天数的计算是否正确,证据资料是否充足。

4.工程延期的审批程序

(1)收集资料,做好记录。监理工程师应在收到承包人延期意向后,做好工地实际情况的调查和日常记录,收集来自现场以外的各种文件资料与信息。

(2)审查承包人的延期申请。监理工程师收到承包人正式的延期申请后,应主要从以下两方面进行审查:

①延期申请的格式是否满足监理工程师的要求。

②延期申请应列明延期的细目及编号;注明延期发生、发展的原因及申请所依据的合同条款;附有延期测算方法和测算细节,以及延期涉及的有关证明、文件、资料和图纸等。待审查通过,方可开始下一步的评估,否则监理工程师应将申请退回承包人。

(3)延期评估。主要从以下四个方面进行:

①承包人提交的申请资料必须真实、齐全,满足评审需要。

②申请延期的合同依据必须准确。

③申请延期的理由必须正确、充分。

④申请延期天数的计算原则与方法应恰当。

监理工程师应根据现场记录和有关资料进行修订,并将修订的结果告知业主和承包人。

(4)审查报告。审查报告主要由以下文件组成:

①正文。受理承包人延期申请的工作日期、工程简况确认的延期理由及合同依据,经调查、讨论、协商、确认的延期测算方法及由此确认的延期天数、结论等。

②附件。指监理人员对该延期的评论和承包人的延期申请,包括涉及的文件、资料、证明等。

(5)确定延期。监理工程师应在确认结论之后,签发“索赔事件/金额审批表”。

三、费用索赔

1.费用索赔的概念

费用索赔是指工程实施过程中，由于非承包人自身原因造成了费用损失或增加，根据有关规定，承包人可通过合法途径和程序，向业主提出得到额外费用的要求。施工索赔具有以下基本特征：

(1)索赔是双向的，不仅承包人可以向发包人索赔，发包人同样也可以向承包人索赔。

(2)只有实际发生了经济损失或权利损害，一方才能向对方索赔。

(3)索赔是一种未经对方确认的单方行为，必须要通过双方确认(如双方协商、谈判或仲裁、诉讼)后才能实现。

2.费用索赔产生的原因

(1)合同文件内容出错。

(2)图纸延迟提交。

(3)不可预见的外界障碍或自然条件。

(4)监理工程师提供的水准点、基线等测量资料不准确 。

(5)监理工程师指令进行的额外工作量。

(6)由业主造成的损害的补救和修复。

(7)因施工中承包人开挖到化石、文物、矿产等珍贵物品，需停工处理。

(8)由于业主雇用其他承包人的影响，并为其他承包人提供服务。

(9)额外样品与试验。

(10)对隐蔽工程质量的揭露或开孔检查。

(11)工程全部中断或部分暂停。

(12)业主延迟提供用地。

(13)非承包人原因造成的工程缺陷需要修复。

(14)要求承包人调查和检查缺陷。

(15)工程变更。

(16)工程变更使合同总价超过有效合同价的15%。

(17)特殊风险引起的工程破坏及其他条款支付。

(18)特殊风险使合同终止。

(19)合同解除。

(20)业主违约引起工程终止。

(21)后续法规的变化等。

(22)物价变动引起的工程成本的增减。

3.费用索赔的处理程序

(1)承包商应按合同的有关规定定期向监理工程师提交一份尽可能详细的索赔清单，未列入索赔清单的索赔一般不予考虑。

(2)监理工程师依据索赔清单，建立索赔档案。

(3)对索赔项目进行监督，特别是对提出索赔项目的施工方法、劳务和设备的使用情况进行详细的了解并做好记录，以便核查。

(4)承包商提交正式的索赔文件，内容包括以下几个方面：索赔的基本事实和合同依据，索赔费用的计算方法、依据和结果，以及附件(监理工程师指令、来往函件、记录、进度计划、进度的延误和所受的干扰及照片等)。

(5)监理工程师审核索赔文件。

(6)如果需要,可要求承包商进一步提交更详尽的资料。

(7)监理工程师提出索赔的初步审核意见。

(8)与承包商谈判,澄清事实和解决索赔。

(9)如果监理工程师与承包商取得一致意见,则形成最终的处理意见;如果有分歧,则监理工程师可单方面提出最终的处理意见。若承包商对监理工程师的决定不服,可提出上诉,监理工程师则应准备应诉材料。

(10)根据业主授权,对于重大索赔,应经业主审批同意后,向承包商下达变更指令;对于一般索赔,监理工程师直接签发变更指令。

四、合同争端

1.合同争端的概念

合同争端也称为合同纠纷,是指合同当事人对合同规定的权利和义务产生不同的理解。

2.合同争端的解决方式

(1)协商。协商是指合同争议双方当事人在自愿友好、互谅互让的基础上,经过谈判和磋商,自愿达成协议从而解决纠纷。

(2)调解。调解是指合同争议的双方当事人在第三方主持下,通过对双方当事人进行说服劝导,促使双方当事人自愿达成协议从而解决纠纷。调解主要分为行政调解、法院调解(或仲裁调解)和民间调解。

(3)争端评审。争端评审是指合同争议双方通过事前协商,选定独立公正的第三方对其争议做出决定,且双方都愿意接受该约定约束的一种非正式解决纠纷的方式。

(4)仲裁。仲裁也称为公断,是指双方当事人通过协议自愿将争议提交第三者(仲裁机构)做出裁决,并负有履行裁决义务的一种解决纠纷的方式。仲裁需经双方同意并约定具体的仲裁委员会。仲裁可以不公开审理,从而保守当事人的商业秘密,节省费用,一般不会影响到双方日后的正常交往。

五、违约处理

1.违约的概念

违约也称为违反合同,简称违约,是指一方当事人不合理拒绝或者不履行合法和强制性的合同义务,即完全不履行根据合同应负有的任何义务,通常表现为拒绝履行、延迟履行或不当履行。

2.承包人的违约及处理措施

(1)承包人的违约。在合同签订后或在合同执行中,承包人的违约包括以下情况:业主在收到任一违约或关于承包人破产的书面证明(如承包人已无力偿还债务或陷入破产,以及承包人同意转让合同或其财产的主要部分被接管);对承包人的任何重要部分进行强制抵押;监理工程师向业主证明承包人有下述情况之一。

①无正当理由拒不执行通用条件规定的开工,或承包人在接到通用条件关于承包人施工进度过慢的通知 28 天后未进行施工或未进行任何部分的施工。

②根据通用条件规定监理工程师要求需重做被拒收的材料及设备检验的,或拆运出不合格的工程材料及设备指令 28 天后仍不遵守该通知或指令。

③无视监理工程师的书面警告,一贯公然忽视履行合同规定的义务。

④已经违反了通用条件关于合同分包的规定。

(2)承包人违约的处理措施。当监理工程师确认承包人违约时，应采取如下措施：承包人将其为履行合同而签订的任何协议的利益(如材料和货物的供应、服务的提供等)转让业主；认真调查并充分考虑业主因此受到的直接和间接的费用影响后，办理并签发部分或全部终止合同的支付证明。

3.业主的违约及处理措施

(1)业主的违约。当业主有下列事实时，监理工程师应确认其为违约：

①没有在合同规定的时间内根据监理工程师签发的支付证书向承包人付款，也未向承包人说明理由。

②无理阻挠或拒绝监理工程师签发支付证书所需的批准文件。

(2)业主违约的处理措施。当监理工程师收到承包人因业主违约而提出的部分或全部终止合同的通知后，应尽快深入调查，收集掌握有关资料并澄清事实，在调查了解的基础上根据合同文件要求，同业主、承包人协商后，办理部分或全部终止合同的支付。

按照合同规定，因业主未能按时向承包人支付应得款项而违约时，承包人有权按合同相关规定暂停工程或延缓工程进度，由此发生的费用增加和工期延长应经监理工程师与业主、承包人协商后，加到合同价中，并应给予承包人适当的工期延长。如果业主收到承包人暂停工程或延缓工程进度的通知后，在合同规定的时间内恢复了向承包人支付应得款以及支付了延期付款利息，承包人应尽快恢复正常施工。

六、工程分包

在 FIDIC 条款中，将分包分成一般分包与指定分包两种。无论哪种形式的分包，都不能解除承包商对分包工程的责任和义务，承包商仍然对分包工程承担合同义务和违约责任，要对分包商的整个施工过程进行协商、督促和照管。

1.一般分包

一般分包合同是指在合同履行中，承包人出于某种原因，将其所承担工程的某些特定部分经监理工程师同意后，分包给另外的承包人而与其签订的分包合同。

通常将从承包人那里分包一部分工程，并与承包人签订工程分包合同的人和实体称为一般分包人。

一般分包人具有如下特点：

(1)分包合同是由承包人指定的，承包人有权选择分包人，分包合同须由承包人与分包人签订。

(2)分包合同必须事先征得监理工程师和业主的同意及书面批准。

(3)承包人不能将全部工程或主体工程分包出去。

(4)承包人对分包出去的那部分工程仍然不解除合同规定的任何责任和义务。

(5)分包工程价款由承包人与分包人估算。

(6)业主和监理工程师均不与分包人直接联系，也不直接向分包人付款。

2.指定分包

指定分包合同是指业主或监理工程师指定、选定或批准的分包工程或提供货物、材料、劳务人员，并经承包人同意后，与承包人签订的分包合同。

(1)指定分包的审批。指定分包合同一般应在业主同承包商签订承包合同后进行，最好在指定分包合同招标之前，受邀投标的公司能得到业主和承包商的共同批准。指定分包合同的标书通常由监理工程师或业主拟定，并负责招标和接受中标事宜，接着由中标者与承包商签订指定分包合同。

(2)监理工程师对指定分包工程的管理。指定分包的工程通常具有特殊性，而且指定分包多是由业主决定的。为了有利于工程的顺利进行、确保指定分包工程的质量和业主的利益，《公路工程施工监理规范》(JTG G10—2016)中对监理工程师的工作做了如下规定：

①监理工程师宜设专人对指定分包工程进行管理。

②监理工程师应要求指定分包商提交一份证明其资格情况的资料，并要求指定分包商保护和保证承包商免于承担由于指定分包商的疏忽、违约造成的一切损失。

③监理工程师应明确指定分包工程所使用的技术规范与验收标准。

④监理工程师应审查承包商反对指定分包商的理由。确认反对合理时，建议业主对承包商的反对予以考虑，反之则应帮助说服承包商接受指定分包商。

⑤监理工程师对指定分包商的支付应按下述规定办理：

a.监理工程师应通过承包商对指定分包商进行支付。

b.监理工程师可要求承包商出示指定分包商得到承包商付款的证明。

c.对于承包商无正当理由拒绝向指定分包商付款的情况，监理工程师必须帮助业主从中期支付证书中扣留指定分包商应得到的款项，直接向指定分包商支付。

七、工程合同管理文件填写范例

1.工作指令

工作指令见表 5-12。

表 5-12　　工作指令

承包单位：××集团有限公司××公路工程 A2 标段项目经理部　　合同号：×××

监理单位：××工程咨询有限公司××公路工程 A2 标段监理部　　编号：

工程项目：××公路工程 A2 标段
结构名称：路基工程
现场位置：K3＋600～K3＋700 路基土方填筑
上述工程被接受/不被接受 K3＋600～K3＋700 路基土方填筑第三层，因虚铺厚度达 50 cm，远远超过实验段松铺厚度 1.2 cm 的规定。该段路基压实后，不能满足规范要求，即不能保证分层厚度大于 30 cm 的具体要求
上述工程应立即停止/应继续进行 要求该段路基必须停止碾压作业，将松铺厚度控制在合理厚度以内 松铺厚度经检查验收合格后，方可进行下道工序施工
承包人应按规范执行/纠正上述工程并遵照上述意见进行变更 承包人必须根据路基施工规范要求，结合实验段成果，严格组织施工，避免返工现象发生

承包人签字：×××　　监理工程师签字：×××

日期：×年×月×日　　日期：×年×月×日

时间：×××　　时间：×××

2.工程变更令

工程变更令见表5-13。

表5-13　　　　工程变更令

承包单位：××集团有限公司××公路工程A2标段项目经理部　　　　合同号：×××

监理单位：××工程咨询有限公司××公路工程A2标段监理部　　　　编号：

<table>
<tr><td colspan="4">变更理由及详细说明：
K3＋000～K3＋200段路基工程，其地基承载力不能满足设计要求，据现场实际情况勘察，该段路基基础必须进行换填处理，换填深度为30 cm，换填材料为砂砾石</td></tr>
<tr><td>变更项目</td><td>单价</td><td>估计变更数量</td><td>估计变更金额</td></tr>
<tr><td>路基土石方</td><td>36.00元/m^2</td><td>1 200 m^2</td><td>43 200元</td></tr>
<tr><td colspan="4">监理工程师：×××　　　　日期：×年×月×日</td></tr>
<tr><td colspan="4">业主：×××　　　　日期：×年×月×日</td></tr>
<tr><td colspan="4">承包人：×××　　　　日期：×年×月×日</td></tr>
</table>

3.索赔申请单

索赔申请单见表5-14。

表5-14　　　　索赔申请单

承包单位：××集团有限公司××公路工程A2标段项目经理部　　　　合同号：×××

监理单位：××工程咨询有限公司××公路工程A2标段监理部　　　　编号：

<table>
<tr><td colspan="2">索赔项目：
K3＋000～K3＋200段路基工程、K6＋000××大桥基础工程</td></tr>
<tr><td colspan="2">申请依据：
因近期连下暴雨且降雨量和降雨周期大于往年，超过近10年来的最高纪录，致使路基土石方工程无法正常填筑，桥涵基础新开挖基坑积水，无法正常施工</td></tr>
<tr><td colspan="2">证明文件：
(1)近期气象资料
(2)近10年气象统计资料
(3)停工证明材料</td></tr>
<tr><td colspan="2">索赔工期和金额：
索赔工期30天，索赔金额20万元人民币</td></tr>
<tr><td rowspan="2">承包人递交日期：×年×月×日

签字：×××</td><td>监理工程师收到意见，所述事件属实，索赔依据充分，符合合同××，同意索赔
签字：×××</td></tr>
<tr><td>业主：×××</td></tr>
</table>

4.索赔时间/金额审批表

索赔时间/金额审批表见表5-15。

表5-15 **索赔时间/金额审批表**

承包单位：××集团有限公司××公路工程A2标段项目经理部　　合同号：×××

监理单位：××工程咨询有限公司××公路工程A2标段监理部　　编号：

<table>
<tr><td colspan="2">索赔项目：K3＋000～K3＋200段路基工程、K6＋000××大桥基础工程</td></tr>
<tr><td>上报日期：×年×月×日</td><td>收受日期：×年×月×日</td></tr>
<tr><td>申报延期天数：××天</td><td>申请索赔金额：××万元人民币</td></tr>
<tr><td>批准延期天数：××天</td><td>批准索赔金额：××万元人民币</td></tr>
<tr><td colspan="2">索赔金额和延期累计：
截至目前索赔累计　　此项索赔
<table><tr><td>金额</td><td>天数</td></tr><tr><td>××万元</td><td>××天</td></tr></table><table><tr><td>金额</td><td>天数</td></tr><tr><td>××万元</td><td>××天</td></tr></table><table><tr><td>金额</td><td>天数</td></tr><tr><td>××万元</td><td>××天</td></tr></table></td></tr>
<tr><td colspan="2">监理工程师：×××</td></tr>
<tr><td colspan="2">业主：×××</td></tr>
<tr><td colspan="2">附件：
(1)工程进度网络计划图、关键线路图、延期天数计算书
(2)工程量清单(相应单价部分)、索赔金额计算书
(3)相关证明文件</td></tr>
</table>

第六章 公路工程财务资料

本章提要：本章内容主要包括计量支付资料、计量支付报表、竣工决算文件三个部分，着重介绍了计量支付资料中工程计量规定、工程计量程序、工程计量文件、工程量清单；计量支付报表中前期支付、中期支付、最终支付及工程支付报表形式；竣工决算文件中竣工决算分类、工程竣工决算编制。

学习目标：(1)熟悉工程计量程序，能够正确填写工程计量文件。

(2)掌握工程量清单中具体项目的工作范围和内容、计量方式和方法。

(3)掌握工程前期支付、中期支付、最终支付的内容。

(4)能正确填写工程支付报表。

(5)明确竣工决算的分类，掌握工程竣工决算的编制方法。

第一节 计量支付资料

一、工程计量规定

1.计量范围

(1)工程量清单及修订的工程量清单内容。

(2)合同文件规定的各项费用支付。

2.主要计量依据

(1)工程量清单及说明。

(2)合同图纸。

(3)工程变更令及修订的工程量清单。

(4)合同条件。

(5)技术规范。

(6)有关计量的补充协议。

(7)“索赔时间/金额审批表”。

3.计量原则

(1)不符合合同文件要求的工程不得计量。

(2)按合同文件所规定的方法、范围、内容、单位进行计量。

(3)按监理工程师同意的计量方法计量。

二、工程计量程序

1.计量通知或申请

工程需要计量,监理工程师应审查承包人提出的计量申请或向承包人发出计量通知。

2.审查有关文件资料

监理工程师必须检查承包人为计量准备的有关资料,发现问题或资料不全时,应退还承包人,暂不进行计量,或计量后暂不予支付。

3.填写中间计量表

“中间计量表”必须清楚真实地填写计量结果,对承包人在合同规定的时间内提出的异议,监理工程师应进一步检查计量记录,将复议后的结果通知承包人。

三、工程计量文件

工程计量是项目监理单位根据设计文件及承包合同中关于工程量计算的规定,对承包单位申报的已完工程的工程量进行的核验。需用到的文件主要有以下几种:

(1)“中间计量表”见表6-1。

表6-1　　中间计量表

承包单位:　　合同号:

监理单位:　　编　号:

支付项目编号		项目名称	
起始桩号		部　位	
图　号		中间交工证书号	
计量草图几何尺寸:			
计算式:			
计量单位		工程数量	

(2)“工程分项开工申请批复单”。

(3)“检验申请批复单”。

(4)“工程质量检验表”及有关的质量评定意见。

(5)“工程变更令”。

(6)“中间交工证书”。

四、工程量清单

1.工程量清单及工程量清单说明

监理工程师必须熟悉技术规范、工程量清单及工程量清单说明的内容，掌握工程具体项目的工作范围和内容、计量方式和方法。

(1)工程量清单数量：工程量清单数量是合同图纸给定的数量，计量时应以实际完成并经监理工程师确认的数量为准。

(2)工程量清单单价说明：监理工程师应要求承包人按照合同规定的内容与时间，报送单价的来源及其构成。

(3)工程量清单的变动：监理工程师按合同规定办理工程变更时，应对工程量清单按下列方式进行相应的修改和补充。

①变更工程数量，清单细目内容及单价不变。

②工程性质变更引起单价变化，原清单细目内容及数量不变。

③清单细目内容、单价、数量全部变更(包括项目整个被取消)。

④新增工程，即清单细目、单价、数量全部是增列的。

2.工程量清单的使用

(1)有具体工程单位的清单栏目

①监理工程师必须按工程量清单标明的单价和实际计量的工程数量办理。

②实际计量的工程数量与工程量清单给定的数量相比，自然增减幅度在合同规定的范围内，按工程量清单标明的单价和实际计量的工程数量办理。

③工程数量自然增减幅度，超出合同规定幅度，应按合同的有关具体规定办理。

(2)以细目为单位的清单栏目

监理工程师应根据实际情况确定细目计量划分比例。

(3)暂估数量的清单栏目

监理工程师必须严格控制工程数量。

(4)暂定金额的清单栏目

①监理工程师应根据实际情况，部分动用、全部动用或根本不动用该项费用。

②实际费用超出清单限额，宜通过工程变更办理。

(5)以时间为单位的清单栏目。

监理工程师必须根据工程实施的具体情况严格掌握。

第二节　计量支付报表

一、工程前期支付

公路工程前期支付主要包括动员预付款、履约保函及保险三项支付内容。

1.动员预付款

(1)监理工程师收到并确认承包人与业主签订的合同协议、履约保函及动员预付款保函之后，应按照合同规定，签发动员预付款金额的支付证明。

(2)监理工程师应通过"中期支付证书",对动员预付款按合同规定的方法予以扣回。

2.履约保函

(1)监理工程师收到并确认承包人提供的履约保函后,应按合同规定签发相当于履约保函一定百分比金额的支付证明。

(2)监理工程师签发"工程缺陷责任终止证书"后,应签发解除承包人履约担保责任的证明。

3.保险

(1)监理工程师必须根据合同规定的保险范围审验承包人的各项保险证明,并按照合同规定,签发相当于保险额一定百分比金额的支付证明。

(2)监理工程师应及时从支付证明中,扣除业主代替承包人办理保险所支付的费用。

二、工程中期支付

中期支付是整个工程支付最为频繁、往来款项发生最多的过程。有的工程完工可能要进行几十次的中期支付,在中期支付中往往涉及本期结算工程进度款、材料预付款、扣回开工预付款、扣留的保留金、借款、税金、代为支付款项的发生,因此中期支付过程较为烦琐。

1.中期支付内容

(1)工程款

监理工程师必须对"中间计量表"审查无误后签发"中期支付证书"。

(2)暂定金

监理工程师应根据实际需要动用暂定金,并在下列手续完备之后,签发暂定金支付证明:

①审批承包人提交的相应工程的施工组织计划。

②审批承包人提交的对应其施工组织计划所需要的人工费、材料费、机械费、设备费及计算说明。

③与业主和承包人就暂定金的支付进行协商。

④审核有关动用暂定金的凭证。

(3)计日工

监理工程师可指令按计日工完成特殊的、较小的变更工程或附加工程。同时应要求承包人提交该项工程的下列报表:

①用工清单。

②材料清单。

③机械、设备清单。

④费用清单,包括付款凭证。

监理工程师审查上述资料时,应注意:未经监理工程师同意不得加班;未经监理工程师认可的材料不得使用;发生故障和闲置的机械、设备不得计入;并根据工程量清单计日工的价格及及其合同中规定的费率,签发有关的支付证明。

(4)材料设备预付款

①监理工程师必须在下列要求满足后,签发支付材料设备的预付款证明:

a.材料设备将被用于永久性工程。

b.材料设备已运抵工地现场或监理工程师认可的承包人的生产场地。

c.材料设备的质量和存放均满足合同要求。

d.承包人向监理工程师提交材料设备的订货单或收据。

监理工程师签发材料设备预付款支付证明,不是对该材料设备质量的批准。

②监理工程师签发材料设备预付款支付证明时的注意事项。

a.累计支付材料设备预付款的金额不应超过合同剩余工作量。

b.累计支付材料设备预付款的材料设备数量,不应超过工程所需的实际总数量。

c.预付款材料设备的品种应与工程计划进度相符合。

d.已支付材料设备预付款的材料设备,所有权归业主。

③材料用于永久性工程后,监理工程师必须通过“中期支付证书”将材料设备预付款予以扣回。

(5)工程变更

①监理工程师签发变更工程支付证明,必须以工程变更令及其修改的工程量清单为依据。

②监理工程师收到“中间计量单”并审查无误后,应依照工程变更令所确定的支付原则,参照其修订的工程量清单,办理支付。

(6)保留金

①监理工程师对保留金的扣留应按合同有关规定办理。

②如果承包人在第一个“中期支付证书”前,提交了一份由业主认可银行出具的银行保函,监理工程师可不再替业主从“中期支付证书”中扣留保留金。

③保留金的退还一般应分两次进行。

监理工程师颁发全部工程的交接证书后,按合同规定的退还比例签发支付证明。如果颁发的仅是部分工程的交接证书,按该部分工程占整个工程的百分比例计退。

监理工程师签发缺陷责任终止证书后,签发退还剩余保留金的支付证明。如果颁发的缺陷责任证书仅是部分工程的缺陷责任证书,监理工程师应继续扣留与完成剩余工作所需费用比例相当的保留金。

(7)索赔

①监理工程师必须依据“索赔时间/金额审批表”签发索赔支付证明。

②索赔金额支付必须按合同有关规定及“索赔时间/金额审批表”所确定的执行。

(8)价格调整

①监理工程师必须根据合同规定的价格调整方式,通过“中期支付证书”办理因价格调整引起的费用支付。

②如果合同没有规定具体的调整方法,监理工程师应与业主、承包人协商后,决定进行价格调整的具体方法。

(9)迟付款利息

监理工程师确认业主收到监理工程师签发的支付证书后,没有在合同规定的时间内向承包人付款,应签发迟付款利息的支付证明。

(10)对指定分包人支付

①监理工程师应通过承包人对指定分包人进行支付。

②监理工程师可要求承包人出示指定分包人得到承包人付款的证明。

③承包人无正当理由拒绝向指定分包人付款，监理工程师必须帮助业主从“中期支付证书”中扣留指定分包人应得到的款项，直接向指定分包人支付。

(11)合同中止后支付

①工程遇到战争、叛乱、骚乱等合同规定的特殊风险。

a.监理工程师应帮助业主澄清有关内容，同业主、承包人协商后，签发合同中止证书。

b.合同中止之日前，承包人已按合同完成的工程的全部费用，以及业主已支付给承包人的款额与细目。

c.承包人依照合同为该工程合理订购的材料、设备及货物的费用。

d.承包人雇佣的所有从事工程施工人员在合同中止时的合理遣返费。

e.承包人机械设备撤离费。

f.承包人为完成整个工程而合理发生的费用，而该费用未包括在其他各项支付之内。

g.承包人应偿还业主的有关设备、材料和工程的预付款余额及合同终止之日，按合同规定，业主向承包人收回的任何其他款项。

②承包人违约。监理工程师确认承包人违约后，应对由于承包人的过失而使业主产生和随之引起的所有费用的增加，按照合同文件的规定进行估价。在与业主和承包人协商后，签发扣除承包人上述费用的证明。

③业主违约。当监理工程师确认业主不能继续履行合同，或因业主干涉、阻挠、拒绝监理工程师的支付证书致使承包人提出中止合同时，监理工程师应澄清下述内容，同业主和承包人协商后，签发合同中止的支付证书：

a.本款(1)中的全部款项内容。

b.由于合同中止给承包人造成的任何损失或损害的款额。

(12)工程交工支付

监理工程师收到承包人交工财务报告后，应完成对其报告中下列内容的审查，确认后向业主签发“中期支付证书”：

①按照合同规定日期完成全部工程的最终价值。

②业主还应支付的任何追加款项。

③按照合同应付给承包人的估算总额。

2.中期支付程序

(1)中期支付申请

监理工程师收到承包人要求支付的申请后，必须从以下方面进行确认：

①承包人申请中已详细列明其认为有权得到的款项。

②申请中所涉及的表格形式经过监理工程师认可。

(2)中期支付申请的审定

监理工程师应在合同规定的时间内完成以下几个方面的审定：

①申请的格式和内容应满足合同要求。

②各项资料、证明文件手续齐全。

③所有款项计算与汇总无误。

(3)签发“中期支付证书”

①监理工程师审核并修订承包人的支付申请后，应向业主签发“中期支付证书”，副本抄送承包人。

②除了特殊项外(如计日工、暂定金、费用索赔等)，监理工程师签发的“中期支付证书”中的支付数量应基本正确。

③监理工程师应通过任何一期“中期付款证书”，对已支付工程发现的问题或已颁布的支付证书的错误进行纠正。

④当工程支付小于合同规定的限额时，监理工程师可以不按月签发“中期支付证书”。

三、工程最终支付

1.准备工作

(1)监理工程师必须处理有关工程和合同方面的一切遗留事宜。

①确认承包人的遗留工程及缺陷工程已完成并达到规范标准，签发该工程的支付证明。

②确认承包人已获得全部工程的“工程缺陷责任期终止证书”，签发解除承包人履约担保责任的证明及退回或解除承包人剩余保留金或银行保函的证明。

③确认已对符合合同文件规定的工程变更、时间与费用索赔、价格调整等事宜，进行了清理与审定，并签发完毕与之有关的支付证明

(2)监理工程师必须澄清整个工程各个阶段的计量与支付，并完成下列工作。

①对所有支付的细目进行检查，防止漏项和重复。

②对所有的工程数量与费用计算进行的复核。

③对所有有争议的细目与计算进行核实，并与业主和承包人协商，确定最终的处理办法。

2.最终支付文件

(1)最终结算清单的说明。

①最终支付的依据及计算办法。

②监理工程师确认按照合同最终应付给承包人的款项总额。

③考虑业主以前所付的款额及业主、承包人各自责任对支付额的影响后，业主还应付给承包人或承包人还要付给业主的余额。

(2)最终计算清单：由一系列清单及表格组成。

(3)最终结算清单的附件：由一系列图纸、计算资料、文件、发票等组成，并与最终计算清单相对应。

3.最终支付程序

(1)最终支付申请：监理工程师应受理承包人在合同规定的时间内提交最终支付申请。

(2)最终支付申请的审定：监理工程师应在合同规定的时间内，完成对最终支付申请的审定。

①申请的格式和内容，应满足合同规定及监理工程师的要求。

②相应的系列结算清单，必须齐全、完整，相互关系清晰。

③相应的系列证明资料有监理工程师的签字认可。

④确认所有的计量与支付均没有遗漏、重复且计算准确，汇总无误。

⑤发现又能够确认的费用，应及时通知承包人，并要求其提供所需的进一步资料与证明。

(3)签发最终支付证书：监理工程师应审核承包人的最终支付申请，向业主签发最终支付证书，并将副本抄送承包人。

四、工程支付报表形式

工程支付报表形式见表6-2～表6-18。

表6-2　　×××××工程第二标段月计量报表

月 计 量 报 表

合同段：第二标段

承 包 单 位：

监 理 单 位：

业　　　 主：

支付证书号：01

计 量 月 份：　　年　月　日

表 6-3

支表 1　工程进度表

项目名称：　　　　承包单位：　　　　合同号：第二标段

截止日期：　　年　月　日　　　　监理单位：　　　　编　号：01

<table>
<tr><td colspan="3">业主：
全长：82.364 km</td><td colspan="4">开工令日期：
合同期限：90 d
合同完成日期：2022 年 12 月 19 日　时间延长：
合同清单修正金额：</td><td colspan="7">合同总价：44 435 810 元
暂定金额：
工程量清单金额：44 435 810 元
工程变更：
估计最终金额：</td></tr>
<tr><td rowspan="3">清单编号</td><td rowspan="3">名 称</td><td rowspan="3">合同金额/元</td><td rowspan="3">完成金额/元</td><td rowspan="3">单项占合同价/%</td><td rowspan="3">单项完成/%</td><td rowspan="3">完成占合同价/%</td><td colspan="7">按月计划与实际完成</td></tr>
<tr><td colspan="3">2022 年</td><td colspan="4">2023 年</td></tr>
<tr><td>10 月</td><td>11 月</td><td>12 月</td><td>1 月</td><td>2 月</td><td>3 月</td><td>4 月</td></tr>
<tr><td>100</td><td>总则</td><td></td><td></td><td></td><td></td><td></td><td></td><td></td><td></td><td></td><td></td><td></td><td></td></tr>
<tr><td>200</td><td>路基</td><td></td><td></td><td></td><td></td><td></td><td></td><td></td><td></td><td></td><td></td><td></td><td></td></tr>
<tr><td>300</td><td>路面</td><td></td><td></td><td></td><td></td><td></td><td></td><td></td><td></td><td></td><td></td><td></td><td></td></tr>
<tr><td>400</td><td>桥梁、涵洞</td><td></td><td></td><td></td><td></td><td></td><td></td><td></td><td></td><td></td><td></td><td></td><td></td></tr>
<tr><td>500</td><td>公路设施及预埋管线</td><td></td><td></td><td></td><td></td><td></td><td></td><td></td><td></td><td></td><td></td><td></td><td></td></tr>
<tr><td>600</td><td>绿化及环境保护设施</td><td></td><td></td><td></td><td></td><td></td><td></td><td></td><td></td><td></td><td></td><td></td><td></td></tr>
<tr><td></td><td>总 计</td><td></td><td></td><td></td><td></td><td></td><td></td><td></td><td></td><td></td><td></td><td></td><td></td></tr>
<tr><td colspan="2" rowspan="4">监理工程师收到日期</td><td rowspan="2">实际进度</td><td colspan="4">累计 / %</td><td></td><td></td><td></td><td></td><td></td><td></td><td></td></tr>
<tr><td colspan="4">月计 / %</td><td></td><td></td><td></td><td></td><td></td><td></td><td></td></tr>
<tr><td rowspan="2">计划进度</td><td colspan="4">累计 / %</td><td></td><td></td><td></td><td></td><td></td><td></td><td></td></tr>
<tr><td colspan="4">月计 / %</td><td></td><td></td><td></td><td></td><td></td><td></td><td></td></tr>
</table>

项目经理：　　　　监理：　　　　质检：　　　　业主：

表 6-4

支表 2 中期支付证书

项目名称： 承包单位： 合同号：第二标段

截止日期： 年 月 日 监理单位：

由		至			全长 82.364 公里		
清单号	项目内容	合同价及修正变更金额				到本期末完成	到上期末完成	本期完成
		原有总金额/元	修正总金额/元	变更总金额/元	修正、变更后总金额/元	金额/元	金额/元	金额/元
		A	B	C	$D=A+B+C$	E	G	$J=E-G$
100	总则							
200	路基							
300	路面							
400	桥梁、涵洞							
600	公路设施及预埋管线							
700	绿化及环境保护							
	暂定金额							
	工程结算价款							
	业主违约罚金							
	迟付款利息							
	其他付款							
	动员预付款							
	材料预付款							
	付款合计							
	承包人违约罚金							
	工程优质质量保证金							
	扣动员预付款							
	扣材料预付款							
	其他扣款							
	保留金(3%)							
	扣款合计							
	支付							
	实际支付(80%)							

项目经理： 监理： 质检： 业主：

表 6-5

支表 3　清单计量与支付量

项目名称：　　　　承包单位：　　　　合同号：第二标段

截止日期：2023 年 4 月 25 日　　　　监理单位：　　　　编　号:01

清单细目编号	清单项目内容	单位	单价	原合同		修正后		变更		变更后		到本期末完成		到上期末完成		本期完成		到本期末完成率/%
				工程量	金额/元	工程量	金额/元	工程量	金额/元	工程量	金额/元	工程量	金额/元	工程量	金额/元	工程量	金额/元	
100 章总则																		
102-1	竣工文件	总额																
102-3	安全生产费	总额																
200 章路基																		
本项目合计																		

项目经理：　　　　监理：　　　　质检：　　　　业主：

表 6-6

支表 5　工程变更一览表

项目名称：　　　　承包单位：　　　　合同号：第二标段

截止日期：　　年　月　日　　　　监理单位：　　　　编　号：

清单号	变更内容	单位	合同数量	单价/元	到本期末完成		工程量增减(+−)						批准文号
							到本期末完成		到上期末完成		本期完成		
					本期末完成	其中本期	数量	金额/元	数量	金额/元	数量	金额/元	
	小计												

项目经理：　　　　监理：　　　　质检：　　　　业主：

表 6-7

支表 12　扣回动员预付款一览表

项目名称：　　　　承包单位：　　　　合同号：第二标段

截止日期：　　年　月　日　　　　监理单位：　　　　编　号：01 第 1 页 共 1 页

A：合同总价	44 435 810
B：合同总价的 30%	13 330 743
C：到本月末支表 2“合计”栏累计完成金额/元	
D：C>B 时的时间	
E：合同期/月	3
F：已付动员预付款/元	4 443 581
G：本期扣回动员预付款	0
扣回动员预付款/元	0
到上期末扣回	0
本期扣回	0
到本期末扣回	0

项目经理：　　　　监理：　　　　质检：　　　　业主：

表 6-8 **支表 13 合同内工程中间计量表**

项目名称： 合同号：第二标段

承包单位： 编号：01

监理单位： 截止日期： 年 月 日 第 5 页 共 14 页

支付项目编号	102-3	项 目 名 称	安全生产费
起 止 桩 号		部 位	
图 号		中间交工证书	
计量依据：			
投标工程量清单、施工图纸：			
计算草图及几何尺寸：			
计算式：			
计量单位	总额	计量数量	

制表： 复核： 计量工程师： 驻地监理工程师：

表 6-9 **支表 14 中间计量汇总表**

项目名称：

业主单位： 合同号:第二标段

承包单位： 编 号:01

监理单位： 第 1 页 共 2 页

细目号	细 目 名 称	凭证号	单 位	数 量	单价/元	金额/元
	200 章合计					—
	100 章～200 章合计					—

承包商： 驻地监理工程师：

表 6-10

×××至×××高速公路

暂定金额月支付报表

合同段：　　　　截止日期：　年　月　日　　　　编号：　　　　第　页共　页

项目编号	项目内容	批准金额/元	到本期末完成金额/元	到上期末完成金额/元	本期完成金额/元	备注(批复文号)
合计：暂定金额转入汇总表						

工程部：　　　　质监部：　　　　执行办：　　　　高级驻地：　　　　监理组：　　　　项目经理：

表 6-11

×××至×××高速公路

索赔金额月支付报表

合同段：　　　　截止日期：　年　月　日　　　　编号：　　　　第　页共　页

序号	索赔批复文件名称、编号	批复金额合计/元	到本期末支付金额/元	到上期末支付金额/元	本期支付金额/元
合计：索赔金额转入总汇表					

工程部：　　质监部：　　执行办：　　高级驻地：　　监理组：　　项目经理：

表 6-12

×××至×××高速公路

违约罚金月支付报表

合同段：　　　　　　截止日期：　年　月　日　　　　　　编号：　　　　　　第　页共　页

序号	索赔批复文件名称、编号	批复金额合计/元	到本期末支付金额/元	到上期末支付金额/元	本期支付金额/元
合计：违约罚金金额转入汇总表					

工程部：　　　　质监部：　　　　执行办：　　　　高级驻地：　　　　监理组：　　　　项目经理：

表 6-13

×××至×××高速公路

暂 定 金 额 计 量 证

合同段：　　　　截止日期：　　年　　月　　日　　　　编号：　　　　第　页共　页

序号	批复文件	项 目 名 称	批复金额/元	本期支付金额/元	备 注
合 计					

附件：工程计量计算单共　　页；批文复印件共　　页。

计算：　　　　　　　　项目经理：　　　　　　　　年　　月　　日

合同监理工程师：　　　　　　　　年　　月　　日

签发意见：

高级驻地监理工程师：　　　　　　　　年　　月　　日

表 6-14　　××× 至 ××× 高速公路

索赔金额计量证

合同段：　　截止日期：　年　月　日　　编号：　　第　页共　页

序号	批复文件	项目名称	批复金额/元	本期支付金额/元	备注
合计					
附件：工程计量计算单共　页；批文复印件共　页。					
计算：　项目经理：　年　月　日					
合同监理工程师：　年　月　日					
签发意见： 高级驻地监理工程师：　年　月　日					

表 6-15

×××至×××高速公路

监 理 费 月 支 付 报 表

监理合同段：

支 付 月 份：

建设单位：×××高速公路建设管理处		监理单位：	
项目法人：	日期：	执行办：	日期：
项目审核：	日期：	质 监 部：	日期：
财务负责：	日期：	财务负责：	日期：

表 6-16

×××至×××高速公路

监理费月度支付报表

项目名称：　　　　　　　　　　　　　　　　　　　　　　　　监理合同段：

截止日期：　　　　监理单位：　　　　编 号：　　　　共 2 页 第 1 页

清单号	项目名称	单位	单价/元	合同		单项累计完成/%	到本期末完成		到上期末完成		本期完成	
				数量	金额/元		数量	金额/元	数量	金额/元	数量	金额/元
1	监理工程师费用											
1.1	高级驻地监理工程师	人·月										
1.2	驻地监理工程师	人·月										
1.3	实验室主任	人·月										
1.4	高驻办专业监理工程师	人·月										
1.5	监理组专业监理工程师	人·月										
1.6	试验工程师	人·月										
1.7	监理员	人·月										
1.8	试验员	人·月										
1.9	后勤人员	人·月										
1.10	司机	人·月										
2	监理工程师的生活用房及设施费	月										
3	监理工程师的办公、车辆设备及设施费	月										
3.1	高驻办办公、设备及设施费	月										
3.2	高驻办交通车辆费	辆·月										
3.3	总监办购置车辆费											

表 6-17

×××至×××高速公路

监理费月度支付报表

项目名称：　　　　　　　　　　　　　　　　　　　　　　　　　　监理合同段：

截止日期：　　　　　　监理单位：　　　　　　　　编　号：　　　　　　共 2 页 第 2 页

清单号	项目名称	单位	单价/元	合同		单项累计完成/%	到本期末完成		到上期末完成		本期完成	
				数量	金额/元		数量	金额/元	数量	金额/元	数量	金额/元
4	监理实验室的试验、测量仪器和设备费用											
5	监理工程师资料费（含竣工文件）											
6	缺陷责任期费用											
	小计											
7	专项暂定金额											
	合计											
	预付款的支付											
	预付款的扣回											
	保留金											
	实际支付											

项目审核：　　　　主管领导：　　　　工程部：　　　　质监部：　　　　执行办：　　　　高驻办：

表 6-18

×××至×××高速公路

违约罚金月支付报表(监理)

合同段： 截止日期： 年 月 日 编号： 第 页共 页

序号	违约罚金批复文件名称、编号	批复金额合计/元	到本期末支付金额/元	到上期末支付金额/元	本期支付金额/元
合计:违约罚金金额转入汇总表					

项目审核： 主管领导： 工程部： 质监部： 执行办： 高驻办：

第三节　竣工决算文件

一、竣工决算分类

竣工决算分为财务竣工决算和工程竣工决算两部分。

1.财务竣工决算

财务竣工决算由业主(代表)按交通运输部及国家有关规定编制，主要反映从开工到竣工的全部资金来源(基建预算、其他基建拨款、基建收入、专用基金、应付款等)和运用情况。资金的使用包括建设成果交付使用财产，以及应核销的投资支出、结余的财产、物资等。

2.工程竣工决算

工程竣工决算由项目法人负责按照原交通部颁布的《公路建设项目工程决算编制办法》(交公路发〔2004〕507 号)的规定进行。工程竣工决算由勘测设计费、征地拆迁费、设计单位管理费、工程监理费、工程质量监督费、工程科研费和建筑安装工程费等组成。工程竣工决算在工程项目进入试运营后就要安排进行编制，在竣工验收前完成。

二、工程竣工决算编制

建设项目工程竣工决算由业主(代表)负责编制，其内容包括建设项目竣工决算编制说明、建设项目竣工决算汇总表和合同段工程竣工决算。

1.建设项目竣工决算编制说明

(1)工程概况：工程名称、地点、建设规模及主要技术标准。

(2)完成的主要工程数量：路基土石方(万立方米)、沥青混凝土路面(平方千米)、大中桥及小桥(米/座)、涵洞(米/道)、通道(米/道)、分离式立交(米/处)、互通式立交(处)、隧道(米/处)、安全防护设施(延米)、服务区、收费站(处)、通信设施等。

(3)主要技术经济指标(万元/千米)(表 6-19)。

表 6-19　主要技术经济指标

项 目	概 算	实际造价
路基工程		
路面工程		
桥梁工程		
隧道工程		
房屋建筑工程		
交通安全设施		
监控、通信、收费系统		

(4)主要材料计划量和实际消耗量。

(5)批准概算与工程实际造价比较(表 6-20)，投资控制情况分析。

表 6-20　　××× 公路工程竣工决算汇总表

货币单位：　　元　　　　　　　　　　　　　　　　　　　　　　第　页共　页

编号	费用名称	签约合同价	计量支付（不含变更）	工程变更（＋／－）	工程索赔	实际支付合计	备 注
1	勘测设计费						
2	征地拆迁费						
3	建设单位管理费						
4	工程监理费						
5	工程质量监督费						
6	工程科研费						
7	一合同段工作量						
8	二合同段工作量						
9	三合同段工作量						
10	四合同段工作量						
11	五合同段工作量						
12	六合同段工作量						
	总合计						

编制：　　　　　　校核：　　　　　　业主（代表）：　　　　　　总监：

2.合同段工程竣工决算

（1）合同段工程竣工决算的编制说明

①工程概况：工程名称、地点、建设规模及主要技术标准。

②完成的主要工程数量：路基土石方（万立方米）、沥青混凝土路面（平方千米）、大中桥及小桥（米/座）、涵洞（米/道）、通道（米/道）、分离式立交（米/处）、互通式立交（处）、隧道（米/处）、安全防护设施（延米）、服务区、收费站（处）、通信设施等。

③主要材料计划量和实际消耗量。

④合同价与工程实际造价比较。

（2）公路工程合同段竣工决算文件（略）

第七章 公路工程竣工验收资料

本章摘要：本章内容主要包括竣工文件概述、公路工程竣工图表、竣(交)工验收资料及档案管理四个部分，着重介绍了竣工文件的相关知识、公路工程竣工图表组成、公路工程验收程序及相关文件、工程档案管理等内容。

学习目标：(1)了解公路工程竣工文件的相关知识。

(2)熟悉公路工程竣工图表的组成。

(3)掌握公路工程验收流程及竣(交)工文件的相关知识。

(4)熟悉工程档案的管理基本知识。

第一节 竣工文件概述

一、工程竣工文件体系

竣工文件的卷册体系为：建设项目下设一、二、三、四卷，卷下设若干册。按《公路工程竣(交)工验收办法》中所规定的卷、册关系组成卷册体系。各参建单位应统一卷册体系的卷号，册号及卷、册名称。每分册均应编入总目录、分册目录及本册目录。

竣工文件第一、二卷，以全线建设项目为单位进行编制；第三、四卷以合同段为单元进行编制；监理资料竣工文件也应分合同段进行编制。

竣工文件每分册的编制顺序为封面—扉页—总目录—分册目录—本册目录—正文或表格—备考表—封底。

竣工文件各册正文内容的编写顺序按规定编入一个或若干个分册内，工程变更(含合同外工程)也必须按规定的文件体系、层次、顺序来编制。

二、工程竣工文件编制

(1)文件编排层次

公路工程竣工文件编排层次(格式)见表 7-1。

表 7-1 公路工程竣工文件编排层次(格式)

分册	文件编排层次	备注
1.卷盒		每册一个盒
一般装订一册	2.封面(A4 纸)	
	3.封一	
	4.前言	
	5.索引	
	6.附件一:施工单位一览表	
	7.附件二:监理单位一览表	
	8.附件三	
	9.档案卷册编号方法	
	10.附件四:其他说明	
若干分册	11.第一卷	一般 200 页装订一册
若干分册	12.第二卷	
若干分册	13.第三卷	
若干分册	14.第四卷	
一册	15.按合同段检索档案卷册表(各卷册分册编号排序表)	

(2)文件编制要求

①第一、二卷由建设单位负责组织编制、装订和制作副本。

②招、投标文件在每个建设项目招、投标结束时,由招标负责人将招、投标文件送交建设单位,并办理书面交接手续。

③第三、四卷由承包单位编制。各级监理必须对各种文件逐级审核、签证,确认合格后,由监理单位监督承包单位立卷、印号、装订、制作副本,送交建设单位。建设单位对监理单位、承包单位编制的竣工文件应进行指导、审核、验收、编制档案总目录、归档保管、办理移交工作。未经建设单位的书面批准,不许结清保留金及监理费。

④各级监理在施工过程中应按规定频率进行工程质量抽检,并在签证后,及时将资料原件编入竣工文件的施工监理资料。

⑤驻地监理组应按规定及时编制本合同段的施工监理资料,并与承包单位编制的竣工文件同时送交建设单位。

⑥监理单位应对承包单位编制的竣工文件质量和报送期限负责,在对竣工文件审核合格后送交建设单位。

⑦承包单位应在开工前明确竣(交)工文件编制负责人,在第一次工地会议上公布,并在建设单位和监理单位备案。

⑧承包单位必须配备计算机,编制文件用的软件、长途电话、复印机、扫描仪或数码相机等编制竣工文件和联网用的设备。

三、工程竣工文件印制

(1)竣工文件正本必须采用规定的 A4 纸(210 mm×297 mm)或 A3 纸(297 mm×

420 mm)的标准版面。若个别文件的原件小于标准面,可以裱糊在 A3 或 A4 纸上;大于标准版面的,可按标准版面折叠。资料、图、表中的文字、手书或打字均用仿宋体,标题用黑体。由编制单位负责对每分册的正文部分进行编页,并用打号机打印在正文每页的右下角。文件的版面必须整洁、美观。制作电子文本也应遵守上述规定。

(2)质量检测表中的原始记录、检测记录、野外试验表必须用蓝黑墨水或黑墨水手书于表格内,其他各种表格原则上应打字制表。一式多份的表格允许用复印机复印。

(3)竣工表格、竣工图纸必须在图表列出的签证人处由责任人签字或盖红印。各分册的扉页必须加盖承包单位公章。文件原件无亲笔签字或未加盖责任人红印,以及应盖公章而未盖章者无效。建设单位或监理单位对工程资料进行抽检时也必须使用规定的表格,但须在表上盖以有“抽检”字样的长方形红印。

(4)竣工文件正本的每分册厚度不大于 20 mm。装订时应用钻孔机钻孔,采用三孔一线方法用卷绳装订成册,第三、四卷封面上的“卷号”“册号”“分册号”先由承包单位按本标段内的册号和分册号用铅笔写在封面上,再由监理单位对建设项目的竣工文件按卷册体系进行统一排序、编号、印号、装入标准档案盒、编写“档案总目录”(一式五份)送交建设单位。第一、二卷由建设单位负责按卷册体系排序、编号、印号、装盒、编写“档案总目录”。

第二节 公路工程竣工图表

公路工程竣工图表主要包括工程变更图表和工程竣工图两部分。

一、工程变更图表

1.工程变更设计一览表

(1)工程中如有洽商,应及时办理工程洽商记录(表 7-2),内容必须明确具体,注明原图号,必要时应附图。

(2)工程洽商记录由提出洽商的单位填写,并注明原图纸号。由档案馆、建设单位、监理单位、施工单位保存。

(3)工程设计变更、洽商一览表(表 7-3)由施工单位填写,建设单位、监理单位、施工单位保存。

(4)洽商记录按专业、签订日期先后顺序编号,工程完工后由总承包单位按照所办理的变更及洽商进行汇总,填写工程设计变更、洽商一览表。

(5)分、承包工程的设计变更洽商记录应通过工程总承包单位办理。

(6)设计变更和技术洽谈应由设计单位、施工单位和监理(建设)单位等有关各方代表签认;设计单位如委托监理(建设)单位办理签认,应办理委托手续。变更洽商原件应存档,相同工程如需要同一个洽商时,可用复印件或抄件存档并注明原件存放处。

表 7-2 **工程洽商记录**

承包单位：××集团有限公司××公路工程 A2 标段项目经理部 合同号：A2

监理单位：×× 工程咨询有限公司××公路工程 A2 标段监理部 编号：

工程名称	涵洞工程	日期	×年×月×日	
洽商内容： 根据现场调查，原设计 K8＋880，1～1.5 m 涵洞需改移至 K9＋000 位置，涵洞结构类型、流水方向不变				
建设单位	监理单位	勘察单位	设计单位	施工单位
×××	×××	×××	×××	×××

表 7-3 **工程设计变更、洽商一览表**

承包单位：××集团有限公司××公路工程 A2 标段项目经理部 合同号：A2

监理单位：×× 工程咨询有限公司××公路工程 A2 标段监理部 编号：

序号	变更、洽商单号	页数	主要变更、洽商内容
1	001	2	调整涵洞位置
2	002	2	路基基底换填处理
技术负责人：××× ×年×月×日		填表人：××× ×年×月×日	

2.工程变更图纸

工程开工前，施工单位应在全面熟悉设计文件和设计交底的基础上，进行现场核对和施工调查，发现问题应及时按照有关程序提出修改意见，报请变更设计。变更图纸是设计文件的有机组成部分，归档时应和对应的设计文件一道进行组卷。

二、工程竣工图

1.定线数据竣工图

(1)封面。

(2)目录。

(3)图例。

(4)竣工图说明。

(5)平、纵断面缩图。

(6)定线数据竣工图。

①参照原设计图表示方法,并注明实际放线时采用的导线成果、曲线要素、水准点等资料。

②施工过程中新增加的固定导线点、水准点也应标注在竣工图上面。

2.平面竣工图

(1)封面。

(2)目录。

(3)图例。

(4)竣工图说明。

①平面线型设计及变更情况。

②长、短链情况。

(5)平面竣工图。

①地形、地貌、地物应根据实际发生情况标注。

②路基边沟应按实际排水方向标注。

③通道、跨线桥的引道应根据实际发生情况如实标注。

④路基防护、涵洞等构造物应根据过程实际如实标注。

(6)线路中线坐标表。

(7)统一里程及断链桩号一览表。

3.纵断面竣工图

(1)封面。

(2)目录。

(3)竣工图说明。

①线路纵断面设计及变更情况。

②施工过程中,线路纵断面高程控制情况。

(4)纵断面竣工图。

①地质情况应根据实际发生情况如实填写。

②地面高程应填写清表压实后的高程,并用虚线表示。

③竣工高程应根据原设计文件、设计变更、工程洽商等文件,结合高程实际如实填写。

④竖曲线、坡度、坡长等数据应根据高程实际情况填写。

⑤超高设置形式及其分段桩号应根据工程如实标注。

⑥桥梁、涵洞、通道等结构物的位置、结构形式、孔径等情况均应根据工程实际发生情况如实标注。

4.路基路面竣工图

(1)封面。

(2)目录。

(3)竣工图说明。

①工程概况。

②原设计及设计变更执行情况。

③施工过程中的不良地质处理情况。

④路基施工过程中的压实度控制情况。

⑤路面主要材料来源、质量情况。

⑥路基路面施工工程中,先进的施工机械设备使用情况。

⑦路基路面施工技术规范执行情况。

⑧施工过程中的质量事故处理情况。

(4)竣工图表。

①路基标准横断面图、匝道横断面、超高方式图及一览表。

②路基土石方数量竣工图。

③路面结构竣工图。

④特殊处理竣工图。

⑤集水井、横向排水管竣工图。

⑥横向排水管配筋竣工图。

⑦水簸箕竣工图。

5.构造物及防护工程竣工图

(1)封面。

(2)目录。

(3)竣工图说明。

(4)竣工图表。

①工程数量表。

②护坡竣工图。

③挡土墙竣工图。

④挡土墙与其他结构物连接处细部结构图。

6.涵洞、通道、小桥竣工图

(1)涵洞、通道竣工图。

①封面。

②目录。

③竣工图说明。

④竣工图表。

a.涵洞竣工图。

- 工程数量表。
- 涵洞基底地质情况。
- 涵洞的位置、孔径、长度等应根据实际发生情况绘制。

b.通道竣工图。

• 工程数量。

• 通道基底地质情况。

• 通道的位置、长度、高度、跨径等应根据实际发生情况绘制。

• 竣工后通道连接线的路面结构及纵坡情况。

• 线外结构物竣工图。

(2)小桥竣工图。

①封面。

②目录。

③竣工图说明。

④竣工图表。

a.小桥各特征点的高程和全桥工程数量表应能反映设计和竣工两项内容。

b.梁板安装竣工表应列出梁板顶面的纵向设计高程、竣工高程、支座中心偏位等数据。

c.台帽竣工表应列出每个台帽设计高程,竣工高程,纵、横向轴线偏位等数据。

d.伸缩缝应根据实际发生情况如实绘制,必要时应重新计算工程量。

7.桥梁竣工图(大中桥、特大桥)

(1)封面。

(2)目录。

(3)竣工图说明。

①工程概况。

②原设计及设计变更执行情况。

③施工组织设计、进度计划编制调整情况。

④采用新工艺、新材料情况。

⑤施工技术规范执行情况及工程质量控制情况。

⑥施工过程中遇到的不良地质处理情况。

(4)竣工图表。

①工程数量表。

②桥位平面竣工图。如果严格按照设计图纸施工,可以利用原设计图纸,但地形、地物必须根据实际情况如实绘制。

③桥型布置竣工图。

④桩位布置竣工图。若原设计没有桩位布置竣工图,则竣工图中必须增加此图。

⑤桥台构造竣工图。桥台工程数量表应按竣工数量如实填写。桥台特征点的高程应分别标出原设计高程和竣工后高程两个数据。

⑥桥墩构造竣工图。桥墩工程数量表应按竣工数量如实填写。桥墩特征点的高程应分别标出原设计高程和竣工后高程两个数据。

⑦结构挖方及锥坡竣工图。

⑧梁(板)安装竣工图。应列出每个梁(板)顶面纵向原设计高程、竣工后高程以及支座中心偏位等数据。

⑨墩(台)帽竣工图。应列出每个墩(台)帽顶面原设计高程,竣工后高程,纵、横轴线偏位

等数据。

⑩伸缩缝竣工图。

8.互通立交竣工图

(1)封面。

(2)目录。

(3)竣工图说明。

①互通立交形式及工程概况。

②原设计及设计变更执行情况。

(4)竣工图表。

①工程数量表。

②平面竣工图。

③线位数据竣工图。

④纵断面竣工图。

⑤跨线桥竣工图。

⑥匝道内涵洞、通道、防护及排水工程竣工图。

⑦收费设施竣工图。

9.桥涵通用图竣工图

(1)封面。

(2)目录。

(3)竣工图说明。

(4)通用图竣工图表。

10.隧道竣工图

(1)封面。

(2)目录。

(3)竣工图说明。

①工程概况。

②原设计及设计变更执行情况。

③施工组织设计、进度计划编制调整情况。

④采用新工艺、新材料情况。

⑤施工技术规范执行情况及工程质量控制情况。

⑥施工实际地质情况及不良地质处理情况。

(4)竣工图表。

①工程数量表。

②隧道平面竣工图。

③隧道纵断面竣工图。

a.围岩级别、地质特征应按实际发生情况如实填写。

b.衬砌类型应按实际衬砌情况如实绘制。

c.图中高程应为竣工后的工程实际高程。

④洞口建筑竣工图。

⑤隧道建筑界限及衬砌内轮廓竣工图。

⑥洞身衬砌竣工图。用原设计文件，根据隧道施工过程中实际地质情况并结合变更设计文件如实绘制。

⑦隧道防水竣工图。

⑧明洞衬砌竣工图。

⑨隧道路面结构竣工图。

⑩照明、通风设施布置竣工图。

11.交通安全设施竣工图

(1)封面。

(2)目录。

(3)竣工图说明。

(4)通用图竣工图表。

12.电缆管道竣工图

(1)封面。

(2)目录。

(3)竣工图说明。

(4)通用图竣工图表。

13.环境保护竣工图

(1)封面。

(2)目录。

(3)竣工图说明。

(4)通用图竣工图表。

14.其他通用竣工图

(1)封面。

(2)目录。

(3)竣工图说明。

(4)通用图竣工图表。

第三节 竣(交)工验收资料

公路工程验收是指承包人按照施工合同的约定，完成设计文件和施工图纸规定的工程内容，经发包人组织竣(交)工及工程移交的过程。

一、工程质量验收流程

(1)公路工程分项工程质量验收流程如图 7-1 所示。

(2)公路工程子分部工程质量验收流程如图 7-2 所示。

(3)公路工程分部工程质量验收流程如图 7-3 所示。

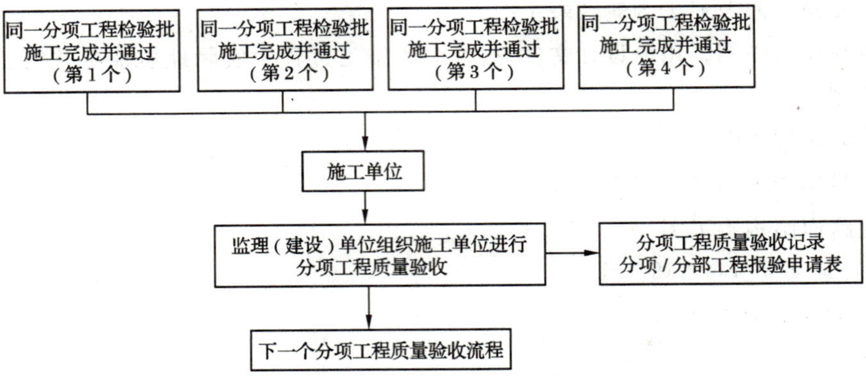

图 7-1 公路工程分项工程质量验收流程

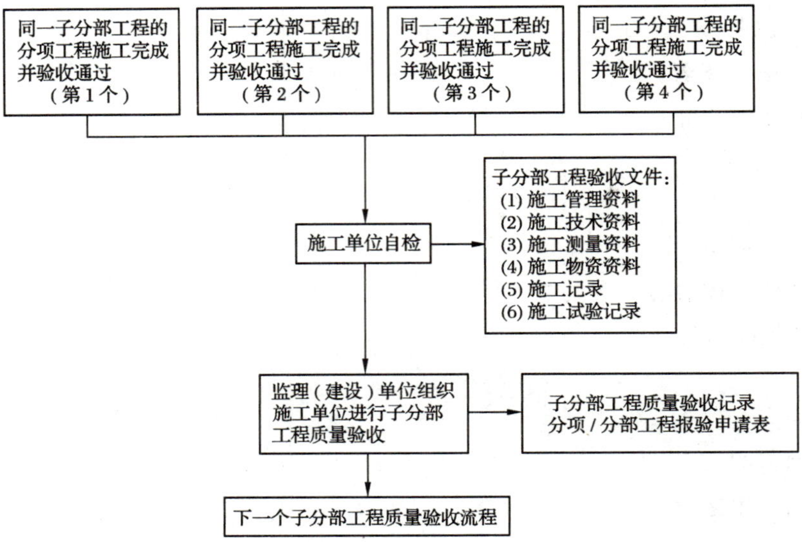

图 7-2 公路工程子分部工程质量验收流程

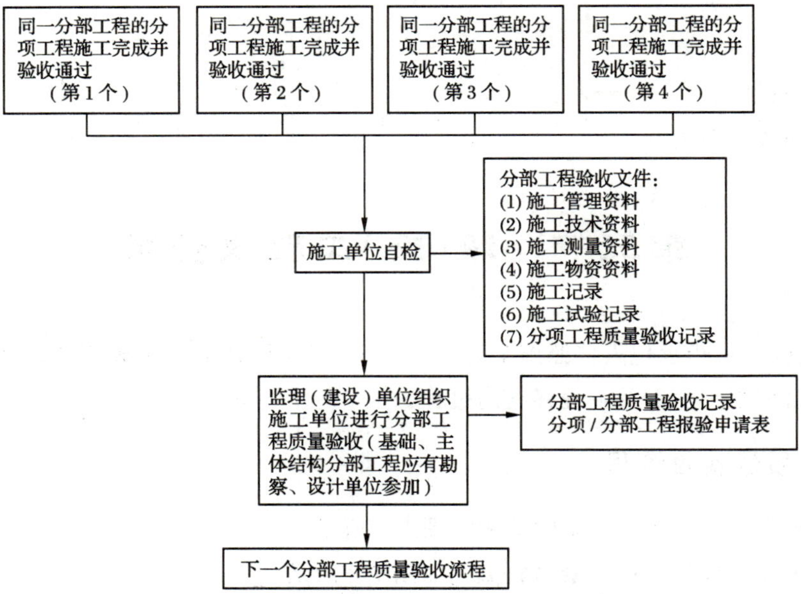

图 7-3 公路工程分部工程质量验收流程

二、工程竣(交)工验收程序

工程竣(交)工验收根据责任单位、工作内容、工作步骤等不同,主要划分为以下10个步骤完成。各步骤验收的性质、作用、主体、内容、依据、方法等各有不同。

(1)施工单位自检。施工单位以施工过程自检资料为依据,按照《公路工程质量检验评定标准　第一册　土建工程》(JTG F80/1—2017)对分项、分部、单位工程进行评定。工程完工后汇总评定资料形成合同段自检资料,并对施工过程进行总结形成合同段施工总结报告。

(2)监理工程师评定。监理工程师依据抽检资料,按照《公路工程质量检验评定标准　第一册　土建工程》(JTG F80/1—2017)对分项、分部、单位工程进行评定。工程完工后汇总评定资料形成合同段评定资料,并对施工过程及监理工作进行总结形成合同段监理总结报告。

(3)质量监督机构质量检测。在合同段和整个项目交工验收期间,质量监督机构根据项目法人的报告,按照《公路工程质量鉴定办法》对合同段或整个项目进行工程质量检测,形成合同段或整个项目工程质量检测报告。整个项目工程质量检测报告在工程试运营前应提交给公路交通主管部门。

(4)合同段交工验收。项目法人根据施工单位自检、监理工程师评定资料,以及施工过程中项目管理掌握的情况,按照验收办法的规定,对合同段工程组织交工验收,并形成合同段交工验收证书及对设计、监理、施工单位的初步评定。

(5)整个项目交工验收。所有合同段交工验收完成后,项目法人汇总各合同段验收资料,形成项目交工验收报告,试运营前报公路交通主管部门备案,并抄送质量监督机构。试运营前项目法人要对项目是否具备通车条件进行评估,承担相应责任。

(6)交通主管部门运营审查。根据交工验收报告及质量监督机构的检测意见,交通主管部门对工程是否具备试运营条件进行审查。

(7)单项工程验收。在试运营期间,项目法人根据工程及工作进展情况,申请对环保、档案等单项工程进行验收。由相关部门根据单项工程相应的验收办法、内容、步骤进行单项工程验收,形成单项工程验收报告。

(8)项目法人工程自检。在试运营两年后,项目法人组织养护管理等相关单位,对工程使用状况进行全面自查,检查交工验收时提出问题的落实情况,检查工程使用中存在和发现的问题及处理情况,对仍然存在的问题进一步处理完善。

(9)质量监督机构检测鉴定。在试运营两年后、三年内,由项目法人申请,质量监督机构根据公路工程质量鉴定报告对工程进行复测及质量鉴定,形成各合同段及整个项目质量鉴定报告。

(10)竣工验收委员会竣工验收。当工程满足竣工验收条件后,由项目法人申请交通主管部门按照验收办法规定的步骤、方法、内容,组织项目竣工验收并形成项目竣工验收鉴定书及其他资料。

三、工程交工验收文件

1.交工验收

交工验收是指承包人将按承包合同规定完成的工程移交给项目法人,是工程承、发包合同双方之间的一种经济行为,是工程建设项目法人实施工程管理的一项日常工作。

交工验收是检查施工合同的执行情况,评价工程质量是否符合技术标准及设计要求,是否可以移交下一阶段施工或是否满足通车要求，并对各参建单位进行初步评定。

交工验收阶段由项目法人组织监理单位按《公路工程质量检验评定标准 第一册 土建工程》(JTG F80/1—2017)的要求对各合同段的工程质量进行评定。

2.交工验收工作性质

交工验收由项目法人组织，在施工单位全面自检控制的前提下，按照监理抽查资料，对合同段工程质量进行评定，项目法人做出工程是否合格的结论，施工、监理、设计单位履行相应的工作职责。

3.交工验收的内容

(1)检查合同执行情况。

(2)检查施工自检报告、施工总结报告及施工资料。

①检查施工单位工程质量自检评定资料是否按照《公路工程质量检验评定标准 第一册 土建工程》(JTG F80/1—2017)执行。

②根据《公路工程竣(交)工验收办法实施细则》(交公路发〔2010〕65 号)(以下简称 65 号文)中附件 5，检查施工总结报告内容是否真实地反映和总结了施工中的各项工作。

③根据 65 号文附件 2，重点审查归档资料的原始性和真实性，并初步审查是否达到档案完整、准确、系统的要求。

(3)检查监理资料和监理工作报告。

①检查监理单位质量评定工作是否按照《公路工程质量检验评定标准 第一册 土建工程》(JTG F80/1—2017)执行。

②根据 65 号文附件 5，检查监理工作总结是否真实地反映和总结了监理工作的情况。

③根据 65 号文附件 2，对监理独立抽检资料进行审查。

(4)检查工程实体、审查有关资料，包括主要产品质量的抽(检)测报告。

(5)检查工程完工数量是否与批准的设计文件相符，是否与工程计量数量一致。

(6)对合同是否全面执行，工程质量是否合格做出结论，按交通主管部门规定的格式签署合同段竣工验收证书。

①项目法人听取施工单位、监理单位的工作总结报告。

②听取各检查组检查情况的汇报。

③根据各检查组汇报的情况，项目法人对合同是否全面执行、工程质量是否合格做出结论。

(7)按交通部规定的办法对设计单位、监理单位、施工单位的工作进行初步评价。

4.交工验收资料及格式

交工验收工作报告包括以下内容：

(1)概述：工程概况、施工单位申请交工验收的工程范围、交工验收申请、审查过程。

(2)合同段检查情况及工程质量审定意见。

①合同执行情况。

②施工资料、监理资料。

③工程实体检查情况。

④工程质量审定意见。

(3)存在的主要问题及处理意见。

(4)交工验收核定的工程量清单。

(5)交工验收结论。

(6)附件：

①参加验收人员名单。

②各检查组意见及其抽检数据。

③公路工程(合同段)交工验收证书。

④设计、监理、施工单位工作综合评价表。

四、工程竣工验收文件

1.竣工验收

竣工验收也就是项目法人将已完成的建设项目交给作为社会事务管理者及公众代表的政府，是政府对建设工程这一社会事务和经济活动进行管理的一项工作，是行政行为，是工程建设项目建设期结束转入正式运营使用前的一个环节。

竣工验收阶段属于成品检验范畴，是对工程建设成果(包括工程质量、参建单位和建设项目)进行的综合评价。

竣工验收阶段由质量监督机构按交通部门规定的公路工程质量鉴定办法对工程质量检测鉴定。

2.竣工验收工作性质

竣工验收阶段由政府主管部门组织，在试运营考验的基础上，以质量监督机构的关键实测指标为主，对工程做出评价，对工程最终是否合格做出结论，竣工验收委员会及项目法人、设计、施工、监理单位履行相应职责。

3.竣工验收内容

(1)成立竣工验收委员会。

(2)听取项目法人、设计单位、施工单位、监理单位的工作报告。

(3)听取质量监督机构的工作报告及工程质量鉴定报告。

(4)检查工程实体质量、审查有关资料。

(5)按交通部规定的办法对工程质量进行评分，并确定工程质量等级。

(6)按交通部规定的办法对参建单位进行综合评价。

(7)对建设项目进行综合评价。

(8)形成并通过竣工验收鉴定书。

4.工作材料

在竣工验收过程中能够形成许多工作材料，主要包括对参建单位的综合评价、工程质量评分表、竣工验收委员会对工程质量的评定材料。

(1)竣工验收代表名单。

(2)竣工验收委员会名单。

(3)各专业检查组检查意见。

(4)参建单位综合评价表。

(5)竣工验收委员会工程质量评分表。

(6)竣工验收工程质量评分表。

(7)竣工验收建设项目综合评定表。

(8)工程交接单位代表签名表。

5.结论性材料

(1)签发参建单位工作综合评价等级证书。

(2)签发公路工程竣工验收鉴定书。

第四节 档案管理

一、一般规定

1.技术档案案卷目录原则

(1)第一、二卷文件的案卷目录由建设单位编写、打印、装订;第三、四卷文件的案卷目录由总监理办公室编制、打印、装订。

(2)案卷目录按建设项目编制。

(3)案卷目录格式详见本节内容。

(4)案卷目录的编排层次详见本节内容。

2.编号方法及案卷目录编制原则

(1)分类号编制方法是以单项工程为单位,按照《交通部科学技术档案分类编号办法》中所确定的公路工程类目进行分类。

(2)档号:由档案分类号和文件顺序号组成。

(3)档案分类号:公路工程竣工文件材料分为五级类目。第一级至第三级类目固定不变;第四级类目为单项工程项目代号,项目代号可以用阿拉伯数字表示(如:国道104,项目代号为104),也可用建设项目起点汉语拼音第一个字母和某段起止点的汉语拼音第一个字母组成,中间加"·"符号(如:京沪高速公路济南至泰安段,则表示为JH·JT);第五级类目按单位工程竣工文件材料形成的先后顺序进行组卷。

(4)编号方法示例:

①表格的编号方法示例如图7-4所示。

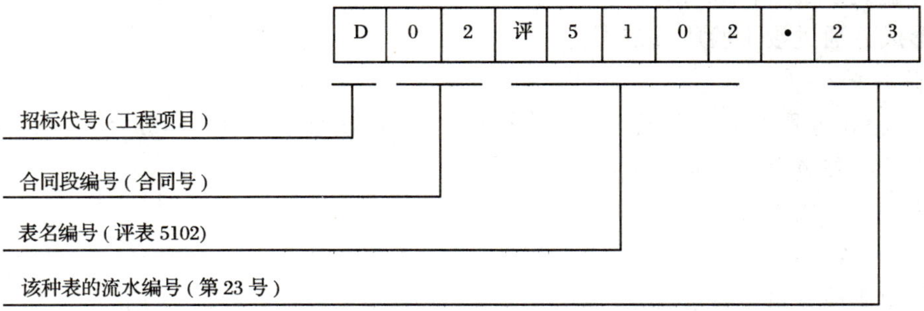

注:1.招标代号:由业主通知,各省可在不重复的前提下,用字母或汉字编排。该例为吉林省沿途路代号。

2.表名编号:只写第一个汉字及阿拉伯数字编号,不必写评表、检表、试表等。

3.该种表的流水编号:以在本合同段内及该表内不重复为原则确定,允许断号,以编号时间先后为序。

图7-4 表格的编号方法示例

②图纸的编号方法示例如图7-5所示。

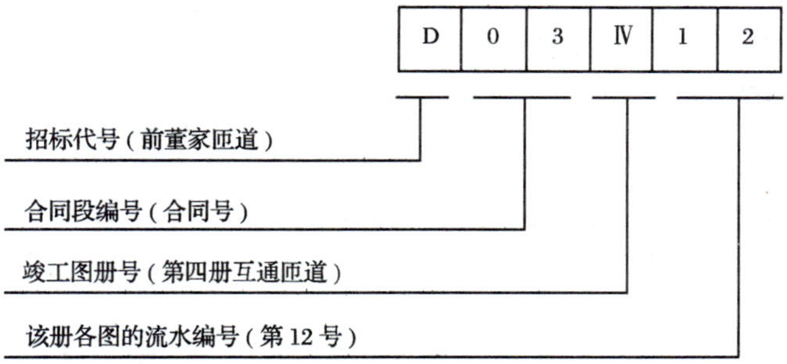

注：1.招标代号：同表格的标号方法示例。

2.合同段编号：工程中标后确定的合同段编号。

3.竣工图册号：按《竣工文件总目录》第三卷的工程所属册号确定。

4.该册各图的流水编号：以在本合同段内及该册图内不重号的原则规定，允许断号，参照设计图顺序。

图 7-5 图纸的编号方法示例

③档案卷册编号方法示例如图 7-6 所示。

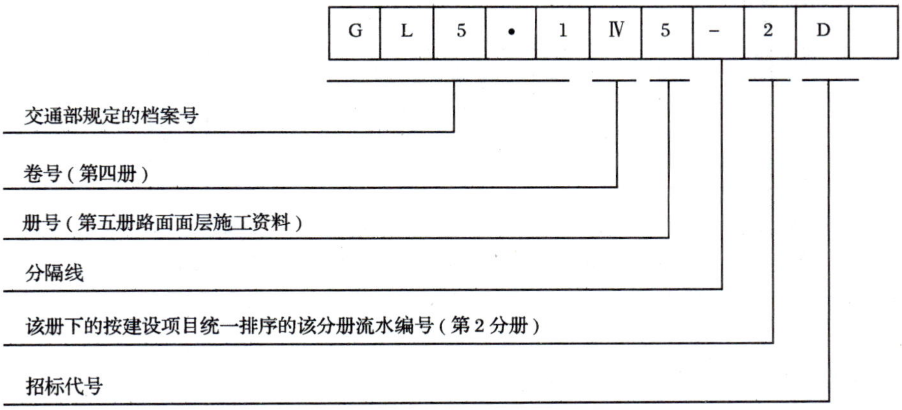

注：交通部规定的档案号：

GL：一级类目（公路工程）；

5：二级类目（公路工程）；

•：类级符号；

1：三级类目（道路）。

图 7-6 档案卷册编号方法示例

二、公路工程档案案卷构成及质量要求

1.卷盒

(1)竣工文件卷盒格式

卷盒外表尺寸为 305 mm×220 mm；盒脊厚度 D 为 20 mm、30 mm、40 mm、50 mm 和 60 mm。

(2)卷盒正面格式

①卷盒正面格式如图 7-7 所示。

②案卷题名：案卷题名应简明、准确揭示卷内文件材料的内容。每一案卷题名应包括建设项目名称、起讫里程、单位工程（含分部、分项）名称及文件名称。若属于桥梁、隧道等工程项目，还应同时标明结构、部位的名称。

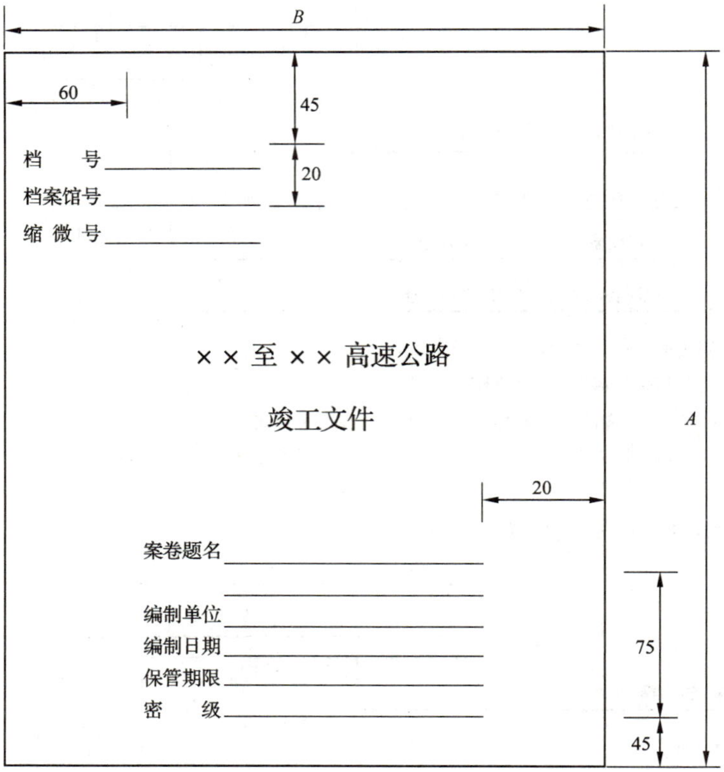

注:①尺寸单位均为 mm。②案卷外封面 $A \times B = 305\ mm \times 220\ mm$。③外封面印制字体:“档号、档案馆号、缩微号”用 3 号仿宋体加粗;“案卷题名、编制单位、编制日期、保管期限、密级”用 2 号宋体字加粗,直线用细实线;工程项目名称用大粗号宋体字加粗一行排列,印制在档案盒中央。

图 7-7　卷盒正面格式

a.项目技术文件案卷题名的表现形式:

××公路××段××桩号××工程××结构××文件名称。

示例:

日照至东明高速公路日竹段××桩号路基工程土石方填筑检测表。

日照至东明高速公路日竹段 K130+845 赵庄河大桥 1 号墩基础及下部构造施工检验表。

b.管理性文件案卷题名的表现形式:

建设项目名称+责任者+问题+文件名称。

示例:

日照至东明高速公路日竹段总监代表处关于加强安全生产管理的通知函。

c.编制单位:指案卷形成单位。

d.编制日期:指案卷形成日期。

e.保管期限参考《公路工程竣工文件材料立卷归档管理办法》(交办发〔2001〕390 号)的规定执行。

f.密级:应在文件发放前按交通主管部门有关保密规定划定,若文件材料上有密级就填上,没有就空着。

g.档号:填写档案的分类号和案卷顺序号。

h.档案馆号:暂不填写。

i."案卷题名"内容的前段工程项目名称可用大粗号宋体字统一印制在档案盒中央。"案卷题名"的后段"××桩号××工程××结构××部位××文件名称"及"编制部位、编制日期、保管期限、密级"可用3号宋体字打印在与卷盒颜色相近的牛皮纸上,再粘贴在对应位置,或打印在蜡纸上,印刷在相应位置。

(3)卷盒脊背格式

卷盒脊背的内容包括档案号和案卷题名,格式如图7-8所示。档案号内容的填写用4号宋体字分两行横排打印,例如,第一行填写"GL5·1·RD·RZ·",第二行填写"4-×××"。"×××"表示案卷顺序号,用铅笔填写。

脊背"案卷题名"的内容用3号宋体字自右至左竖写,首行空两字。打印档案号时,要求字头向右、躺着打。案卷题名的前段工程项目名称不能忽略。

卷盒脊背内容统一打印在与卷盒颜色相近的牛皮纸上,再粘贴在卷盒脊背的对应位置;或打印在蜡纸上,印刷在相应位置。贴纸要求比卷盒脊背宽度小2 mm,以防取放档案时把纸边拉卷。

(4)卷盒背面格式

卷盒背面格式如图7-9所示。

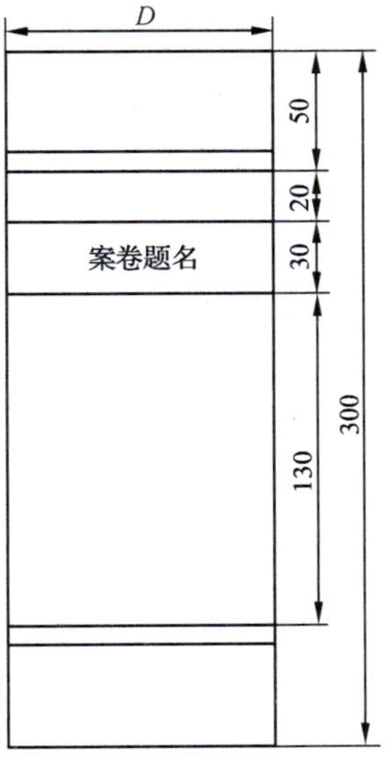

图7-8 卷盒脊背格式(单位:mm)

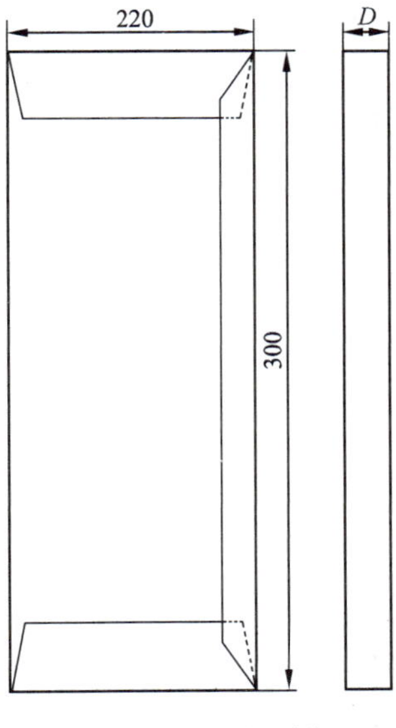

图7-9 卷盒背面格式(单位:mm)

(5)卷盒正面的背面格式

卷盒正面的背面印有"借阅守则":

严守国家机密。

禁止涂改抽拆。

切勿私自携带出。

不得转借散失。

妥善保护案卷。

用毕即可归还。

标题采用2号黑体字,正文采用3号仿宋体。

(6)卷盒展开形式

卷盒展开形式如图 7-10 所示。

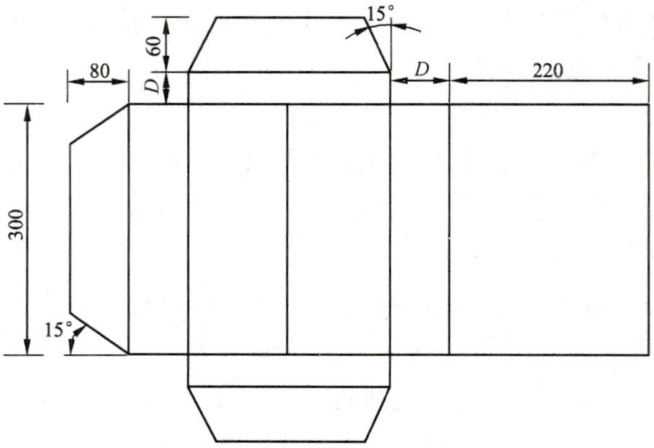

图 7-10　卷盒展开形式(单位:mm)

2.案卷封面

案卷封面的格式如下,尺寸同卷盒正面。

档　　号____________________________

档案馆号____________________________

缩 徽 号____________________________

卷　　号____________________________

__________________至__________________高速公路

__________________至__________________段

竣工文件

(__________________合同段)

案卷题名____________________________

编制单位____________________________

编制日期____________________________

保管期限____________________________

密　　级____________________________

3.案卷索引

案卷索引的格式如下。

(项目招标代号__________)

附件一:施工单位一览表

附件二:监理单位一览表

附件三:__________________至__________________高速公路统一里程说明

第一卷　综合文件(代号Ⅰ)

第一册　竣工验收文件
第二册　……
……
(详见“竣工目录”02号“第一卷目录”)

第二卷　竣工决算(代号Ⅱ)

第一册　竣工决算报告
第二册　……
……
(详见“竣工目录”03号“第二卷目录”)

第三卷　竣工图表(代号Ⅲ)

第一册　综合竣工图表
第二册　……
……
(详见“竣工目录”03号“第三卷目录”)

第四卷　设计、施工文件(代号Ⅳ)

第一册　技术、设计文件
第二册　……
……
(详见“竣工目录”04号“第四卷目录”)

4.备考表

备考表的格式如下。

备考表

本册共________张,其中 文字材料________张 图纸________张 说明: 编制负责人__________ 年　月　日 检查人__________ 年　月　日

附录

公路工程竣工档案目录

第一部分　综合文件

一、竣(交)工验收文件

1.竣工验收文件;

2.交工验收文件;

3.各参建单位总结报告。

二、单项工程验收文件

1.机电工程验收文件;

2.房建工程验收文件;

3.环保工程验收文件;

4.档案验收文件。

三、建设依据及上级有关指示

1.项目建议书及批准文件;

2.工程可行性研究报告及批准文件;

3.水土保持批准文件;

4.环境影响评价及批准文件;

5.文物调查、保护等文件;

6.初步设计文件及审批文件;

7.施工图设计文件及审批文件;

8.设计变更文件及批准文件;

9.设计中重大技术问题来往文件、会议纪要;

10.上级单位有关指示。

四、征地拆迁资料

1.征地拆迁合同协议;

2.征地批文;

3.征用土地数量一览表;

4.占地图及土地使用证;

5.拆迁数量一览表。

五、工程管理文件

1.招标文件；

2.投标文件、评标报告；

3.合同书、协议书；

4.技术文件及补充文件；

5.建设单位往来文件；

6.其他文件及资料。

第二部分 决算和审计文件

一、支付报表

二、财务决算文件

三、工程决算文件

四、项目审计文件

五、其他文件

第三部分 监理资料

一、监理管理文件

二、工程质量控制文件

1.质量控制措施、规定及往来文件；

2.材料试验、检测资料；

3.监理独立抽检资料；

4.交工验收工程质量评定资料。

三、工程进度计划管理文件

四、工程合同管理文件

五、其他文件

六、其他资料

1.监理日志，会议记录、纪要，工程照片，音像资料；

2.监理机构及人员情况，各级监理人员的工作范围、责任划分、工作制度。

第四部分 施工资料

一、竣工图表

1.变更设计一览表；

2.变更图纸；

3.工程竣工图.

二、工程管理文件

三、施工质量控制文件

(一)工程质量文件

1.工程质量往来文件；

2.工程质量自检报告及工程质量检验评定资料；

3.安全质量事故及处理情况报告、补救后达到要求的认可证明文件；

4.桥梁竣工验收荷载试验报告；

5.桥梁基础、梁的预制等强度、完整性检验资料；

6.施工中遇到的非正常情况记录、处理方案、施工工艺、质量检测记录及观察记录、对工程质量影响分析；

7.交工验收施工单位的试验、检测、评定资料。

（二）试验、检测报告

1.各种原材料试验报告；

2.混凝土、砂浆配合比试验报告；

3.原材料、外购成品、半成品的抽检和试验资料；

4.击实试验报告；

5.路面结构层配合比设计报告；

6.外购材料（产品）合格证书、检验报告和质量鉴定报告；

7.机电设备、监控设备成品合格证及试验、调试记录。

（三）施工原始资料

1.路基工程

（1）路基土石方工程

①地表处理资料；

②不良地质处理方案、施工资料、检测资料；

③分层压实资料；

④路基检测、验收资料；

⑤分段资料汇总。

（2）构造物及防护工程

①基坑开挖、处理试验、检测资料；

②各工序施工记录、检测、试验资料；

③成品检测资料；

④砂浆（混凝土）强度试验。

（3）小桥工程

①基坑处理、检查记录；

②基础处理、检查、试验记录；

③各分项施工检查、施工、试验记录；

④质量检查记录。

（4）排水工程

①各工序施工、检测记录；

②砂浆、混凝土强度试验资料；

③成品检查记录；

④分段质量检测资料汇总。

（5）涵洞工程

①基坑开挖、处理记录；

②各工序施工、检查记录资料；

③砂浆、混凝土试验资料；

④成品检查资料。

2.路面工程

（1）压实度检测资料；

(2)强度检测、试验资料；
(3)材料配合比检测、试验资料；
(4)各工序施工检测记录；
(5)检查资料汇总。
3.桥梁工程
(1)基坑开挖、处理的施工记录和检查资料；
(2)基础施工检查资料，桩基检测资料；
(3)现浇构件施工、检测、试验资料；
(4)预制构件施工、检验资料；
(5)预应力张拉、压浆检查资料；
(6)外购件检查记录；
(7)按施工工序各中间环节检查记录；
(8)混凝土、砂浆强度试验资料；
(9)各部位检查、验收资料；
(10)引道工程、防护工程的施工、检测、试验资料。
4.隧道工程
(1)洞身开挖施工、检查资料；
(2)衬砌施工、检验资料；
(3)隧道路面工程施工、检查记录；
(4)照明、通风、消防设施的施工、检查记录；
(5)洞口施工检查记录；
(6)各种附属设施检验施工记录；
(7)各环节工序检查、验收资料；
(8)隧道衬砌厚度、混凝土强度检验资料。
5.交通安全设施
(1)各种标志牌制作、安装检查记录；
(2)标线检查资料、施工记录；
(3)防撞护栏、隔离栅及附属设施的施工、检查资料；
(4)照明系统施工、检测资料；
(5)各中间环节检测资料；
(6)成品检测资料。
6.收费站等房建施工资料
房建施工资料应按建筑部门有关法规、资料编制办法管理、汇总。
7.收费、监控、通信系统
收费、监控、通信系统的施工、检测、验收资料应按有关行业标准整理汇总。
8.绿化工程等施工资料
(四)缺陷责任期资料
四、施工安全及文明施工文件
1.安全生产的有关文件；
2.安全事故的调查处理文件；

3.文明施工的有关文件。

五、进度控制文件

1.进度计划(文件、图表)、批准文件;

2.进度执行情况(文件、图表);

3.有关进度的往来文件。

六、计量支付文件

七、合同管理文件

八、施工原始记录

1.施工日志;

2.天气、温度及自然灾害记录;

3.测量原始记录;

4.各工序施工原始记录(未汇入施工质量控制文件的部分);

5.会议记录、纪要;

6.施工照片、音像资料;

7.其他原始记录。

第五部分　科研、新技术应用资料

一、科研资料

二、新技术应用资料

批准的所有科研、新技术资料均要整理归档。